旷继勋

中华先烈人物故事汇

军事科学院解放军党史军史研究中心

学习出版社

中华先烈人物故事汇《旷继勋》编委会

目　录

Contents

引　子

旷继勋，1897年6月16日出生于贵州省思南县，1916年入川从戎，是中国共产党早期著名将领、高级军事指挥员。早年追求孙中山先进的革命思想，1926年年底由秦青川、王文鼎介绍加入中国共产党。

1929年6月29日，旷继勋于遂、蓬边界的大石镇牛角沟率全旅4000余名官兵举行蓬溪起义，树起了“中国工农红军四川第一路军”的大旗，随后建立了四川第一个红色政权——蓬溪县苏维埃政府。

1929年8月，旷继勋在中共四川省委宣传部部长刘披云的护送下，到上海向中共中央汇报工作，后被留在中央特科工作。

1930年年初，受中共中央派遣，前往洪湖地区担任中国工农红军第6军军长。7月，红6军与贺龙指挥的红4军在洪湖地区的公安县南平镇会师并合编为红2军团，贺龙任总指挥兼红2军军长，旷继勋任红6军军长。

1931年1月，鄂豫皖红1军与红15军合编为中国工农红军第4军，旷继勋任军长，余笃三任政治委员、徐向前任参谋长。5月，中共中央派张国焘任鄂豫皖中央分局书记兼军事委员会主席，旷继勋任分局军事委员会副主席。7月，旷继勋因抵制张国焘的错误，被撤销分局军事委员会副主席和军长职务，调任红4军第13师师长。10月，旷继勋在金寨麻埠出任红25军军长。11月7日，红25军奉命于黄安七里坪与红4军会合，成立红四方面军，旷继勋继任红25军军长。

旷继勋指挥和参与指挥了鄂豫皖苏区磨角楼、新集、双桥镇、苏家埠等重要战斗和第一、第二、第三次反“围剿”。

在红四方面军主力离开鄂豫皖苏区向川北转移途中，旷继勋与曾中生等同志对张国焘的错误进行了针锋相对的斗争。1932年12月，红四方面军解放了通江县城，并成立了川陕省临时革命委员会，旷继勋任主席，在创建川陕苏区工作中作出了重要贡献。后因继续坚持抵制张国焘的“左”倾错误，旷继勋被张国焘以“国民党改组派”的罪名逮捕，并于1933年6月秘密杀害于通江县洪口场，时年36岁。

旷继勋同志是中国共产党的优秀党员，无产阶级的坚强战士，他一生热爱党、热爱人民、忠于革命，不仅在历次战斗中身先士卒，浴血奋战，屡建战功，而且在组建红6军、红4军和创建红25军，开辟并巩固湘鄂西、鄂豫皖和川陕革命根据地等一系列工作中建立了不朽的功勋。

01 年少存远志

思南城里“孩子王”

位于贵州省东北部国家级自然保护区的梵净山山麓深处，有个古城——思南县城，这里群山环绕，绿荫如盖，塘水如镜，整座县城隐身在郁郁葱葱的密林之中。由于地理位置独特、交通方便，这里曾经是商贾云集、经贸繁荣、商品集散之地，也是黔东的政治、经济、文化中心。县城里有位远近闻名的郎中，名叫旷光甫，他医术虽算不上特别高明，但心地善良、待人热情、做事勤俭、不辞辛苦，凭借祖传的一些中医之术，医治好了许多人的疾病。他还经常免费为那些穷人看病，在小城里赢得了“良医”的赞誉。旷光甫不仅行医治病，还热衷于武术健身，练就了一身好武艺。

1897 年 6 月 16 日，旷光甫的第三个孩子出生了，而且是家中的第一个男孩，盼望生男孩、急于为旷家延续“香火”的旷光甫自然十分高兴。他对儿子寄予厚望，特地请来文化人给孩子取了个响亮的名字，名为继勋，号集成。

旷继勋的母亲熊氏是城南仡佬寨人，虽出身贫寒，但品行贤德善良，肯吃苦，操持着整个家庭，尤其重视对子女品德的教育和培养。

在父亲的影响下，旷继勋从小就喜欢练拳习武。一年四季，无论是天晴还是刮风下雨，天刚蒙蒙亮，他就顶着晨曦在风景秀丽的乌江岸边练功击拳。几年下来，父亲传授的那些武艺，他都练得娴熟自如，身体也日益健壮起来。旷继勋的刻苦勤练，引起了城里一位私塾先生刘寿真的注意，他认为这位后生练武能如此投入，读书肯定也是一块好料。于是，他主动找到旷光甫，动员他把继勋送到自己的学堂去接受教育。

旷继勋 10 岁那年，父母用省吃俭用攒下的钱把他送进了刘寿真的私塾读书。刘先生十分爱才，诲人不倦，对弟子要求甚严。旷继勋不负先生期望，读书十分用功。先生要求学生背诵的文章他读上几遍就能倒背如流，并且能够根据先生的讲解和自己的领会，深刻地讲出文章的内涵。他能写一手漂亮的毛笔字，写得既工整又秀丽，经常受到老先生的夸奖，是刘寿真先生最得意的门生。

正当旷继勋在求学的道路上发奋前进之时，中国社会却处于动荡不安的局面，地方贪官污吏趁机横征暴敛，人民生活更加艰难困苦。旷继勋家中生活越来越拮据，父母实在拿不出钱来供他继续上学，旷继勋只好辍学回家，跟着父亲抄写药方、学看病，有时随父亲一起上山学采药。

一次，他和父亲在距县城 10 余里的山上采药时，发现悬崖上有一株巨大的灵芝。父亲望着那株中国行医者视若珍宝的神奇药材，欲采，但深觉危险；欲罢，又实在是舍不得放弃。旷继勋望着那株灵芝，看透了父亲的内心，便主动说："爹，我想办法去把它摘回来，这么大一株灵芝，能治好许多人的病呢。"

父亲不同意儿子去冒险，但旷继勋信心满满地说：“我会小心的，不用担心！”说罢便跳下数米高的山坡，踏着猎人踩出的细窄小径，越过山谷的洼地，来到对面的山崖。山崖上长满了青苔和杂树，到处都是湿漉漉的。旷继勋蹬着石壁，一手攀着树枝，一手抠住岩缝，缓慢地向灵芝挪近。就在他与灵芝仅剩一尺远的时候，一条大蛇猛地从山顶朝他冲下来，旷继勋迅速躲闪，顺势用手中的树枝把蛇挡了过去，蛇应势掉下了山崖。旷继勋顺利地采到了灵芝，直到他把油亮的灵芝拿到父亲面前时，父亲那颗悬着的心才落了下来。他接过儿子冒险采到的灵芝，开心地笑了。

父亲行医一直秉持着低收费的原则，来他这里看病的人大多是穷人。有时遇到实在拿不出钱的病人，父亲不但分文不取，还倒贴钱给病人抓药，长此以往，收入微薄。尽管一家人生活十分拮据，但大家都赞成父亲的做法，母亲经常说：“没关系，哪怕我们少喝一口粥，能救人性命也值。只要我们舍得吃苦，总会有一碗饭吃的。”

为了补贴全家人的生活，母亲把当街的一间木房改成了一间小茶馆，旷继勋和姐妹们就在茶馆里帮助干活，热情周到地为客人们端茶倒水。旷继勋还时常提着母亲制作的粑粑沿街叫卖，有时看到无家可归、沿街讨吃的穷人，他还会送上一两个粑粑。

艰难的生活培养了旷继勋坚毅的性格，他不惧困难，勇于挑战，秉性倔强，勤学好动。平时最喜好玩拳舞棍，善弹跳，从小练就了一副好身板。读书时在上学的路上，有一道一人多高的土墙，别的同学都是绕道而行，他总是一跃翻墙而过，既能节省了不少时间，又锻炼了身体。

少年时的旷继勋胆大超群，能骑脱缰离鞍的马，还能在乌江边拉着狗尾巴草跳沟坎，同龄人当中没人敢和他比试，因此，他在思南县城中是响当当的“孩子王”。他喜欢吹口哨，吹得清脆而又嘹亮，每当口哨声一响，小伙伴们便迅速云集，一场两营对垒、互掷石子的打仗游戏就开始了。旷继勋常常扮演指挥员的角色，带领同伴们“冲锋陷阵”。他和同伴们在镇前的河里比赛游泳，一口气能游两个来回。他健步如飞，蹿房越脊如履平地，有时他会像个骑兵战士一样，在光溜溜的马背上舞枪弄棒。

活泼好动的旷继勋着实让父母感到忧虑，父亲更觉得旷继勋玩得太过分、太出风头，不能这样任其荒废下去了，否则会耽误孩子的前程。于是，父母商量决定将旷继勋送进民国政府成立的国立二级小学继续读书。此时，旷继勋离开刘家私塾已有3年，他也15岁了。“孩子王”又回到了课桌旁，只不过，这次他学习的不再是四书五经，而是学校里开设的地理、历史、音乐和自然科学等课程。在这里，旷继勋第一次听到了关于孙中山先生推翻封建帝制、领导革命的故事，这位不羁的少年悄然心动了。

盛夏的一天，是思南人赶集的日子，天突然下起了滂沱大雨。旷继勋站在门口屋檐下，望着街上赶集的乡民匆匆冒雨行走、浑身湿透的样子，心里感到特别同情和难过，他对母亲说：“我长大后，一定要为天下没有斗笠的穷人都买上一顶斗笠。”

“愿少年，乘风破浪，他日勿忘化雨功！”唱着催人奋进的校歌，旷继勋的内心世界也在发生着深刻的变化，他开始对现实生活中一些不合理的现象进行独立的思考：为什么中华民族是“风雨如磐暗故园”的景象？泱泱大国为什么会沦为帝国主义的半殖民地？社会为什么这样不平等？人为什么会有贵贱尊卑之分？地主豪绅对穷苦人民残酷剥削和压迫，加之军阀混战，兵连祸结，广大贫苦农民啼饥号寒，濒于绝境，生活在水深火热之中……这是一个黑暗的，充斥着不合理的社会。这种现象必须改变！要改变就要像孙中山那样，起来革命！

旷继勋不愿再按照父亲的想法去做一个行医治病的郎中了。他想走出去，去看看外面的世界，走一条与祖祖辈辈都不相同的路。

情投意合结连理

思南县是个多民族融合居住的地区，当地有早婚早嫁的风俗。1914 年，旷继勋刚满 17 岁，父亲就要为他张罗婚事。但对于自己的婚事，旷继勋不愿接受父母包办或托媒说亲，他想追求自由、平等的恋爱，追求婚姻的自由。

此时的旷继勋身材魁梧，相貌英俊，正是情窦初开的翩翩少年，他向往浪漫的爱情，想象着心爱的姑娘应该有修长的体态、乌黑的长发，或许她会打着一把油纸伞从他家的门前路过，或许会坐在他常走的河边浣洗衣裳……

一个风和日丽的中午，旷继勋在自家的桑田里劳作完毕，伴随着清脆的鸟鸣，向村头青石砌起的井台走去。当他拿起井台旁的水桶正准备打水洗手时，一抬头，只见一位眉目清秀的姑娘担着两只木桶，轻盈地向井边走来。她身段修

长，明媚大方，一头乌黑的长发飘逸在肩后，一双清澈的大眼睛像两颗璀璨的明珠，忽闪忽闪的。旷继勋一下子怔住了，他呆呆地站立在井台边，一时不知所措。

“哎，你是要打水，还是要洗手？”姑娘看着愣在那里的旷继勋，问道。

两手沾满泥污的旷继勋缓过神来，觉得有些尴尬，正想退下井台让姑娘先打水时，姑娘已经麻利地拎起一桶井水，然后舀好一瓢，递到旷继勋面前。旷继勋有些慌张，连忙伸手去接水洗手。清澈的井水带着来自地下几十米的凉爽浇在了旷继勋手上，他慌张的内心才稍有平复。

“怎么满手是泥？”姑娘又问道。

“我刚在田里采完桑。”旷继勋答。

“你采桑干什么？”姑娘又追问。

旷继勋感觉心不再跳得那么厉害了，笑着说：“桑树根是一味很好的中药材，采回去入药……”

两人在井边你一言我一句地聊着，忘记了时间，忘记了自己是来做什么的。原来，那个姑娘叫邓伯玉，人如其名，也是温润如玉。

邓伯玉突然问："你们家也养蚕吗？"

旷继勋调皮地回答："桑蚕只有女人好养。"

"为什么只有女人好养？"邓伯玉疑惑地问。

"圣洁的女人才能养出洁白的桑蚕！"

邓伯玉开心地笑了："你这人，哪有这么比喻的！"

旷继勋也笑了。

自他上国立二级小学以来，受到许多新思想新文化的影响，同学们之间时常高谈阔论，也会在课堂上与老师一起指点江山，有时慷慨激昂之情难以自抑，济世报国之心呼之欲出。可是今天在井台边上，与这位女子的闲散聊天，竟有一种从未体验过的感觉，虽有些紧张，心中小鹿乱撞，但心底却淌出一股暖流，让旷继勋感到发自内心的温暖。

从这天起，旷继勋和邓伯玉便无话不谈，成了特别能聊得来的好朋友，有一种相见恨晚之感。

旷继勋时常要走很远的路去见邓伯玉，他们在一起既说自家生活的日常琐事，也聊对大山外面世界的向往。旷继勋给邓伯玉讲自己在学校听来的道理，讲发生在成都、武昌、南京城里的那些故事，讲孙中山领导的辛亥革命，讲在中国逐渐兴起的新思想。邓伯玉总是听得津津有味，有时发出疑问，有时懵懂天真，他们总有说不完的话。

邓伯玉的家在邵家桥，是远近闻名的蚕乡，小镇上几乎家家户户都养蚕，沿街的廊前檐下挂满了丝丝缕缕的绉纱，绿色的桑园蚕房点缀在小镇外围，采桑的女子在潺潺溪流上的石桥上欢声笑语，就是春风也要为之陶醉。邓伯玉给旷继勋介绍邵家桥的风土人情，讲那些投宿客栈的外乡人买丝购布的故事，她还很有兴致地向旷继勋讲解养蚕缫丝的知识："你知道吗？上等的丝织品，要在雪中缫，雪中纺，雪里漂，雪里晒，雪是丝织品的母亲，有了雪，丝绸才会特别凉爽。"

邓伯玉的声音清脆悦耳，旷继勋沉醉了，仿佛坠入了梦境，那桑园，那溪流，那一条挂满绉纱的热闹街市，那倚门纺丝的女子浮现在脑海中。

旷继勋与邓伯玉都感应到了他们之间的微妙情愫，那是两个年轻人人生记忆里从未有过的感觉，似是欣赏，又似喜欢，似是亲情，又胜过亲情。俩人交流的内容越来越广泛，也越来越细致，他们探讨国家的发展、个人的命运、日后的前景，还有二人的生活。

一天，邓伯玉认真地对旷继勋说："思南也在乌江边，一样可以养蚕。我就到你这里来养蚕吧！"

虽两人的心早已紧紧地连在一起了，但旧式婚姻还是要讲究父母之命，媒妁之言的，没有三媒六证，就不算是明媒正娶。怎么办？旷继勋思前想后，终于壮着胆子对父亲吐露了心声。一天，他告诉父亲，自己对邵家桥邓光明家的二女儿邓伯玉情有独钟，希望娶她为妻。父亲听后大喜，原来，他为自己儿子物色的妻子人选也正是这位姑娘。

旷光甫是在串乡卖药行医的过程中认识邓家人的。邓家的主人邓光明在邵家桥有一临街木房，旷光甫常到邓家门前卖药，后来，邓家帮旷光甫在此摆起了摊位，旷光甫成了邓家常住的房客与朋友。邓家夫妻品行端正，贤德善良，他们的二女儿邓伯玉端庄大方，又和旷继勋的年龄相仿，旷光甫早就有与邓光明结成儿女亲家的想法。儿子这么一说，简直是说进了父亲的心坎里。

旷光甫急忙张罗托媒人去邓家为儿子提亲，但却被邓光明拒绝了。邓家人说自己是乡下人，旷家是城里人，不敢高攀。其实，真正的原因旷光甫心里是清楚的，邓家人认为旷光甫家业单薄，只是个普通的郎中，家中儿女又多，不想女儿嫁到旷家受苦。旷光甫为此很伤心，他觉得自己平日里与邓光明颇有交情，没想到在儿女的婚事上，遭到他一口回绝，但也表示可以理解。

家人的反对，阻挡不了两个年轻人的心。邓光明拒绝旷光甫的提亲后不久，邓伯玉就向父亲公开表示自己一定要嫁给旷继勋，看到女儿的坚决态度，父亲也不好再坚持，只得同意了旷家这门亲事。

旷继勋与邓伯玉结婚的那天，旷家的小院里热闹非凡，旷光甫摆了 3 天酒席，招待络绎不绝前来祝贺的客人。客人们对这对郎才女貌的新人，无不赞美有加。婚后的旷继勋和邓伯玉也沉浸在幸福之中。

就在这一时期，刚刚建立起来的中华民国，却被首届大总统袁世凯改称为“中华帝国”，袁世凯自称为皇帝。此举立刻遭到各方反对，引发了一场声势浩大的“护国运动”。在各种压力面前，只做了83天皇帝的袁世凯又不得不宣布取消帝制，不久便在唾弃声中死去。从此，中国再度陷入军阀割据的大动荡时期。段祺瑞、冯国璋、张作霖、阎锡山、唐继尧、陆荣廷等军阀各分派系，割据一方，互相纷扰。孙中山先生惋惜道：“吾国之大患莫大于武人之争雄，南北如一丘之貉。”

路漫漫其修远兮，吾将上下而求索。从小深受孙中山革命思想影响的旷继勋，在享受新婚幸福和快乐的同时，并没有忘记自己的责任和使命。他要像孙中山那样，为寻求救国救民的道路，为拯救中华民族、穷苦百姓于水火做一些有益的事情。

一天，旷继勋忧心忡忡地对妻子说：“中国陷入了最深重的黑暗与混乱，国家四分五裂，军阀各路纷争，国人人心涣散，互不统属，到头来遭殃的还是穷苦百姓啊！”这时，旷继勋的舅父又被铜仁府台诬陷为“通匪”而惨遭杀害，他发誓要报仇雪恨，决心从戎。邓伯玉理解丈夫的心思，尽管心中万分不舍，仍是温柔地说道：“好男儿志在四方，你是做大事的人，你就放心去吧，我等你回来！”

不久，旷继勋怀着一颗炽热的心，告别了心爱的新婚妻子，告别了养育他的父母双亲，告别了思南这片翠绿青山，意气风发地与几个志同道合的朋友，顺乌江而下，他们的目标是进入四川，投身到民主革命的浪潮中去，为中华民族的复兴贡献一份力量。

02 川军展英才

勤学苦练终蝶变

四川古为蜀地，李白诗云：“蜀道之难，难于上青天。蚕丛及鱼凫，开国何茫然。尔来四万八千岁，不与秦塞通人烟。”

当时，四川还流传着一句谚语：“天下未乱蜀先乱，天下已治蜀未治。”民国以来，四川大小军阀、土匪遍地，秩序崩坏，社会混乱。据统计，仅1911年到1930年不到20年间，四川境内就发生过大大小小的战争400多次，预征过50多年的粮税，人民生活在水深火热之中，苦不堪言。

四川军阀们把自己霸占的地盘叫作防区，他们在自己防区内垄断政权，委任官吏，控制税收，滥发货币。地主豪绅勾结官府，乡镇保甲依附豪绅，乱立税种，对广大人民进行残酷剥削和压迫。这么一幅军阀、土匪、豪绅堆叠的群丑图，对于刚刚走出大山沟，初出茅庐、涉世未深的青年来说，如何是好？

旷继勋和几个同伴来到成都，他们的第一感觉就是这里人流如织，房屋挨着房屋，军营连着军营，天空总被一种紧张的氛围笼罩着。同时，旷继勋敏感地察觉到，在这种乱世中，还有一股正义的革命力量，这便是他要寻找并为之奋斗的力量。

在朋友的推荐下，旷继勋和几个同伴一起加入了当时积极参与护国战争的川军赖心辉部。当兵的生活是十分艰苦的，除了连续不断的打仗外，还常常风餐露宿，就是回到军营里，也是几十个人挤在一间木屋中，夜晚入睡时，汗臭和脚臭味折磨着旷继勋的嗅觉神经。为了能够呼吸到新鲜一点的空气，他总是选择靠近门口的铺位睡觉，经常被浓重的露水打湿衣被。睡不着时，他索性爬起来站在门外，望着天空朦胧的星光，回想乌江岸边自己的家乡，那干净整洁的街道，那温馨的院落，还有厅堂之上的父母和新婚的妻子。忽地，他收回思绪，眼前的窘迫与家乡的温暖形成鲜明对比，让他有些恍惚。

没过多久，和他一起来当兵的几个同伴向他辞别，并劝说道：“这年头外面也不好混，还是回家种地吧。”旷继勋看着六神无主、一脸落寞的同伴，坚定地说：“我们出来不光是为了自己，更是为了千千万万的穷苦大众，为寻求中华民族的光明前途而来，怎么能半途而废呢？我不回去。”

独在异乡砺心志，旷继勋通过频繁的作战和训练增长了许多本领。他虽然当了两年的下等兵，但无论是军事技能还是综合素质，他无疑是超群的。他能投石子击中数十米外的麻将块大小的目标，穿沟越坎、攀檐附壁更是不在话下，射击本领超群，近百米的目标他都能轻易命中，格斗本领更是无人能比，他融合了年少时习得的武术技巧和在部队学习的擒拿格斗，即便与数人赤手对打也不落下风。

机会总是留给有准备之人。1919 年正月，国防军第42旅旅长赖心辉率部攻打什邡县城，将盘踞在城中的川西巨匪张申庭逼到北门真武宫的一个巷子内，张申庭持双枪与前来围剿的军队作困兽之斗。由于巷子狭窄，追击的士兵死伤很多，其他士兵守在巷口，也不敢轻举妄动，就这样僵持了许久。

张申庭叫嚷着："老子早赚了！还有哪个不要命的，靠过来啊！"

这时，旷继勋手持马刀悄悄地沿着屋檐攀缘而行，待接近目标后，突然飞身而下，一刀将张申庭毙命，县城被顺利攻占。战后，赖心辉听闻此事，大为欣喜，不但亲自接见了旷继勋，还奖赏大洋1000块，擢升为排长，并为他披红挂彩，以示嘉奖。

张申庭的头颅被悬挂在什邡县城北门城楼上示众3天，城里百姓听闻巨匪伏诛，无不欢欣鼓舞，争相围观，城里一时间万人空巷。

旷继勋升为排长后，还担任了军事教官。他不但在战法上别出心裁，常常出奇制胜。在提升自身本领上，也毫不松懈。他让士兵们练习打靶，自己却选择了难度更高的训练：点上香头，在夜间练习。长此以往，他练就了一手精妙绝伦的枪法，能在 20 米内击灭香头，50 米内打中火柴盒。经他训练出来的士兵也个个身怀绝技。

由于旷继勋的出色表现，第二年就被赖心辉提升为警卫连连长，并随军移驻内江。此时，内江有两股无恶不作的土匪势力——罗焕文、罗少文，他们经常祸害百姓，影响着内江的治安。为消除匪患，旷继勋奉命率部一举歼灭了该匪，深得内江百姓赞誉。赖心辉欣喜地借机邀请地方官员和各界名流举行庆功大会，当众奖赏旷继勋大洋 2000 块，擢升为营长。

1923 年，为抗击直系军阀吴佩孚侵川和四川“讨贼之役”，旷继勋所在的部队划归正在川军中任职的刘伯承指挥，旷继勋也很快受到刘伯承的赏识。刘伯承比旷继勋大 3 岁，对待旷继勋如同对待自己的弟弟一样，不仅在思想上引导他向革命的方向转变，在军事指挥、待人接物、传授知识方面也是倾囊相授，毫无保留。旷继勋十分尊重刘伯承，认为他身上有着一种亲和的力量，尽管身为总指挥官，却毫无架子，把战士们当作自家兄弟看待。每当遇到问题时，旷继勋总会向刘伯承请教，一来二去，两人之间便建立了深厚的友谊。

时任四川督军的刘存厚也觉得旷继勋是个不可多得的人才，于是决定送他进军事学校学习，进行重点培养。旷继勋十分珍惜这次难得的学习机会，学习和训练都非常刻苦，不仅各项军械操练获得第一，而且如饥似渴地研读军事理论，尤其注重对老师讲授的内容结合实践进行研究和运用。经过这次深造，他的军事素质有了很大提升。

1925年，从军事学校回来的旷继勋，在多次作战中展现出英勇善战、有勇有谋的潜质，很快就被提升为团长。

虽然职务在不断提升，但是，旷继勋并没有感到满足，他除了带好部队、更加关心士兵、营造部队上下和谐官兵关系外，还特别注重学习，追求进步，只要一有时间，他就找来书籍阅读，时常是手不释卷。通过读书学习，他结交了一批思想活跃、追求进步的青年军官与有识之士，这其中就有引导并介绍他加入中国共产党的亲密战友——王文鼎。

旷继勋与王文鼎是在赖心辉的部队里相识的，当时，旷继勋是赖心辉部下小有名气的青年军官，王文鼎是赖部以军医身份开展地下活动的共产党员。一次，旷继勋到王文鼎那里去聊天，临别时，王文鼎送给旷继勋一本介绍孙中山先生三民主义的小册子。旷继勋读完后顿时眼前一亮，他立马又找王文鼎："你上次给的那本小册子太好了，还有类似的书籍就向我推荐推荐。"

王文鼎觉得旷继勋是一位很有志向、追求进步的青年军官，于是就向他推荐了《向导》《新青年》《共产主义 ABC》等进步书刊。旷继勋如饥似渴地阅读这些书刊，像是找到了照亮他思想的明灯。两个拥有同样爱国热情与豪情壮志的青年很快就成了要好的朋友，两人在川军中一起学习，一同进步。王文鼎被旷继勋勤奋学习、求知若渴的精神折服，欣喜地说道："你对马克思主义和共产党思想的信仰，几乎到了痴迷的程度。"

短短数年，旷继勋以常人难及的学习热情充实着自我，最终蝶变为一名胸怀理想、富有学识、机智勇敢的青年军官。由于他酷爱学习，知识越来越丰富而广泛，从美国独立战争到法国大革命，再到中国的辛亥革命，他都可以侃侃而谈，仿佛一个演说家。他讲话中气十足，即使面对两三千人的队伍，也可以让每个人都听得清清楚楚。这些，都让素有“儒将”之称的时任四川江防军总司令黄隐欣赏不已，为自己手下有这么一位优秀的干将而高兴。

参加革命改“旧军”

1925 年年末，旷继勋晋升为四川江防军第 2 师第 7 混成旅旅长，部队驻扎在崇宁、彭县一带。

这一年，已是四川督理的杨森，企图使自己成为名副其实的“四川王”，发动了统一四川的战争，使苍茫的川渝大地笼罩在血色与恐慌之中。

面对即将发生的这场战争，旷继勋不禁陷入了沉思。历史总是惊人的相似，古蜀国也曾经历过这样的乱象：“夫蜀，西僻之国也，而戎狄之长也，而有桀纣之乱。”如今，军阀们互相攻伐，不顾民众的死活，只为自己拉山头，由此带来的苛捐杂税等负担，甚于桀纣。

在当时的四川军队中，上级军官克扣军费军饷，都住高宅大院，妻妾成群，过着穷奢极欲的生活；中下级军官或娼赌包庇，或贩运烟毒，从中牟利供一己挥霍；士兵则奸淫掠夺，横行街市，闹得村镇鸡犬不宁，民不聊生。旷继勋因不愿与其苟同，在黄隐的江防军中受到排挤，过得很不如意。就在此时，旷继勋听说昔日的好友王文鼎也受排挤流落到了汉口，他立即写信将王文鼎邀请到自己的部队来，让他担任旅委秘书。

旷继勋见到王文鼎，语重心长地说：“他们撵你走，我要你回来，在政治上你比我强，眼下，我正需要你帮忙拿大主意呢。”

王文鼎听后不禁泪湿眼眶，他深深地感受到他的这位好朋友绝不同于那些旧军阀旧官僚，旷继勋是在将自己的部队带成与众不同、救人民于水火的革命队伍，这也正是王文鼎所希望的。

面对川中混乱的局面和来自各方的拉拢，旷继勋与王文鼎商量后，决定召集部下和进步人士代表讨论部队的出路问题。

旷继勋首先说道：“眼下我们部队面临着很严峻的问题，川军内部矛盾重重、派系纷争，我们虽不属于任何一派，但他们都想来拉拢我们。我们行伍出身的，为了生存和发展，当然希望被重用，但介入他们的纷争，能为百姓带来什么好处呢？一个军队不为百姓解决痛苦，反而给百姓带来灾难，这样的军队有存在的必要吗？何去何从，今天就听听大家的意见，你们认为怎样解决才好？”

参加会议的众人拿不出什么主意，有的说：“我们听旅长的，旅长叫我们怎么做就怎么做。”旷继勋早就料到这样的局面，他就让王文鼎谈谈自己的看法，王文鼎领会了旷继勋的意思，于是说道：“广州成立了以黄埔军校为基地的中国青年军人联合会，他们联合军队中的革命分子，建立军队与民众之间的亲密关系，拥护革命政府，实行三民主义，并在军内外出版刊物开展宣传。现在全国要求进步、要求革命的青年军人很多，我希望我们四川也有自己的军人联合会。”

旷继勋见大家听得很有兴趣，接着补充道：“创建属于人民的军队，把部队带到革命的道路上来，这是中国当前的形势所迫，只有革命才可解决目前社会的根本矛盾。”

话音刚落，会议室里立刻响起热烈的掌声，大家都表示赞同旷继勋的主张。纷纷说道，军阀们今天打这个，明天又打那个，打去打来都是为自己抢地盘，扩大势力，我们早就不想给他们干了。

不久，旷继勋在他的部队里进行了军政方面的改革。他先是组织成立了“中国青年军人联合会四川分会”，由旷继勋、王文鼎等 7 人担任执行委员，并派营长钟克戎赴广东与国民政府联系，同时寻找共产党的组织，请求派共产党人到部队来指导工作。

为尽快提高官兵的素质，改掉部队中的一些旧恶习，旷继勋还成立了“四川青年军人读书会”，提出军人要为国家、民族的强盛、振兴、自由而战的口号，他还亲自撰写了《改掉军队恶习的议案》，下发部队执行。

青年军人联合会在全旅举办多期训练班，对士兵进行政治军事训练，旷继勋和王文鼎共同制定教学内容，还多次为培训班讲课。青年军人联合会的成立及各项活动开展，极大地丰富了部队官兵的精神生活，部队上下出现了从未有过的平等友爱、团结互助的新气象，部队面貌焕然一新。许多进步青年被纳入到青年军人联合会中来，他们与普通士兵一起生活和学习，帮助提高士兵们的思想觉悟。旷继勋和王文鼎还不失时机地将孙中山先生的三民主义、联俄、联共、扶助农工的三大政策和马列主义思想向青年官兵们进行宣传。

1926 年 10 月的一天，被派往广东寻找中共组织的营长钟克戎回来了，同他一起到来的还有中共四川省委派出的留苏干部秦青川。

旷继勋握着秦青川的手，激动地说："终于把您给盼来了，有你们的指导，我们的队伍就更有希望了！"

秦青川向旷继勋、王文鼎等转达了省委的

指示，同意他们在部队里开展革命活动，并向他们介绍了中国革命的形势和苏联十月革命的胜利经验，旷继勋听得热血沸腾，立即同他们一起商量如何改造部队的问题。根据秦青川的建议，旷继勋在军队中成立了政治部和士兵委员会，秦青川任政治部主任，在他的领导下秘密筹建了党组织。

旷继勋从秦青川、王文鼎等共产党人的身上看到了革命的希望，看到了中国的希望，决心跟着共产党走下去。1926 年冬的一天，旷继勋申请加入中国共产党。他对秦青川和王文鼎说："这些年来我旷继勋一直在给军阀们卖命，在茫茫黑夜中寻求救国救民的真理，但都没找到真正的良药。现在，我终于找到了，那就是马克思主义，就是共产党。只有共产党才能挽救中国的命运，因为共产党所领导的革命事业，就是为人民群众谋利益的革命事业。我决心跟共产党走，并为共产主义的革命事业奋斗终身。为了革命，就是牺牲一切，我旷继勋也能够做得到说一不二。"

秦青川把旷继勋的入党申请报告给四川省

委后，很快获得了批准。他和王文鼎作为旷继勋的入党介绍人，在鲜红的党旗下为旷继勋举行了庄严的入党仪式。从此以后，旷继勋在四川省委的领导下，加紧了对部队的改造工作，他提出要彻底铲除旧军队的一切恶习，按共产党军队的要求管理每一个士兵，除严格的军事训练外，还要参加学习政治，开展马克思主义和共产主义思想教育。

在旷继勋的支持下，政治部主任秦青川利用一切有利机会开展革命的宣传工作，在两个多月的时间里，他给官兵作了 10 多场政治时事报告。与此同时，中共川西特委又选派了一批优秀共产党员到部队担任领导职务。旅、团成立了党委，营、连配备了政工干部，各级还成立了经济委员会。政治部成立了宣传队，通过演新戏、讲故事、教唱歌曲等形式，向部队和驻地人民群众进行革命宣传。

为培养部队骨干，旷继勋还在崇宁开办团练学校，培养政治素质可靠的军政干部。第 7 混成旅所在的崇宁、彭县一带就像是共产党的革命根据地，经常有共产党人在做演讲宣传。部队里都以同志相称，彼此亲密无间、团结有序，士气旺盛、情绪高昂。

蓬溪暴动举义旗

1927年3月，英国、美国军舰炮轰南京事件发生后，中共重庆地委和国民党四川省党部（左派）于3月31日在重庆通远门打枪坝召开1万余人参加的群众大会，声讨帝国主义干涉中国革命，反对四川军阀卖国，支持北伐战争，拥护武汉国民政府的活动。

四川军阀和反共势力受蒋介石的指使，出动便衣武装包围会场，并开枪射击与会群众，酿成死100余人、伤七八百人的“三三一惨案”。国民党左派党员、著名经济学家漆南薰身殉乱刀之下，国民党四川省党部左派监察委员陈达三当场惨遭杀害。翌日，四川军阀还派兵封闭国民党各级党部和省农协、市总工会、市妇联会，大肆抓捕共产党人和进步人士，中共重庆地委的主要负责人冉钧、杨闇公等相继被捕牺牲，中共重庆地委遭到严重破坏，国民党四川省党部（左派）也被彻底摧毁，轰轰烈烈的四川大革命运动迅速陷入低谷，党组织被迫转入地下。

面对严峻的形势，旷继勋利用旅长的身份，保护革命同志，帮助党组织渡过难关。四川省委缺乏活动经费，他就把设法筹措的经费送给省委维持活动的运转；还把暴露身份受到通缉的中共党团员和进步人士，想方设法地保护起来，有的安排在自己的部队里，有的送到不易被敌人察觉的地方。发现危害党组织的敌特分子时，他就派人设法除掉。

南昌起义和秋收起义的消息传到四川后，旷继勋深受启发，他通过各种渠道了解和打探起义部队的情况，同时为自己所领导的第 7 混成旅前途和命运感到担忧。他认为，依附于四川军阀是没有前途的，必要时应该离开四川，竖起自己的旗帜，走武装起义的道路，现在只为四川的中共组织做一些地下保护活动是远远不够的。

1928 年年初，为蒋介石卖命而兵败回川的杨森与兵败入川的吴佩孚等人组织起“四川同盟军”，准备进攻川东军阀刘湘。第 28 军军长邓锡侯与江防司令黄隐密谋，决定派旷继勋所在的第 7 混成旅参战，胜可打击刘湘势力，败可削弱该旅。他们早已对第 7 混成旅的革命活动有所察觉，对旷继勋很是不满，因此，妄图借此打击他所领导的革命力量。

1928 年夏，第 7 混成旅在川东之战中失利，部队被迫退驻罗泽洲的防区，在遂宁县永兴场一带休整。随即，黄隐下令让旷继勋将部队带回成都整编。说是整编，其实是要清除第 7 混成旅的革命力量，剥夺他的军权。旷继勋识破了黄隐的阴谋，故意拖延回成都的时间。黄隐见旷继勋未按时到达成都，先是停发旷继勋第 7 混成旅的粮饷，同时，派广安的李家钰、遂宁的罗泽洲等部在第 7 混成旅驻地频繁活动，企图乘机吃掉第 7 混成旅。旷继勋感到他的部队处在非常的危险之中，拖延也不是办法。于是，找来秦青川、王文鼎等部队里的党员骨干商议，最后决定率部起义，并派人迅速将起义的想法向中共四川省委作了汇报，很快得到省委的同意，并派罗世文、朱三元、邹进贤等到旷继勋的部队，协助领导起义工作。

罗世文、朱三元、邹进贤等到达旷继勋旅部后，立即召开会议，研究起义计划、组织领导等问题，并成立了前敌委员会。起义计划为：部队于 29 日傍晚在蓬溪聚集，宣布起义，然后，起义部队向下川东进发，在梁山（今梁平）农军的配合下渡过长江，进入湘鄂西与贺龙部队会师。

旷继勋考虑到部队一经起义，必然招来黄隐的围攻，应准备第二套行动方案，即，如果不能打过长江，则挥师东进，与王维舟、李家俊的游击队会合，再到通江、南江、巴中一带建立根据地。为便于起义后的宣传，会议还决定缝制带有镰刀、斧头图案的红旗，制作起义部队的臂章和帽花，印制以“四川工农革命委员会”为落款的信件和布告。四川工农革命委员会主席为吴玉章，委员有刘伯承、恽代英等人，他们大都不在四川，但目的是在于迷惑敌人，扩大政治影响力。

1929 年 6 月 29 日傍晚，旷继勋下令全旅以“打野外”为名，开往蓬溪县大石镇牛角沟聚集。部队到达牛角沟后，旷继勋召开大会，向全旅官兵庄严宣布举行武装起义，举起“中国工农红军四川第一路军”的大旗，并将起义部队改编为 3 个师，分别是红 1 师、红 2 师和先遣师。旷继勋下达命令，红军部队连夜疾进，攻取蓬溪县城。

午夜时分，红军部队到达蓬溪县城 5 华里外的双星桥，然后兵分两路攻打县城，一路由川鄂公路直取南门，一路从白塔寺攻取西门。驻守蓬溪县城的是边防军尹克诚骑兵团，他们从睡梦中被惊醒，惊慌失措地抵抗一阵后，听说是旷继勋率领的起义军时，吓得连忙从北门朝着文井方向逃窜，起义部队顺利占领蓬溪县城。

30 日清晨，起义部队在县衙门前召开群众大会，旷继勋作动员讲话后，宣布成立蓬溪县苏维埃政府，并以四川省工农革命委员会的名义委任原旅部副官刘汉秋为蓬溪县苏维埃政府委员长。

随后，旷继勋带领起义军指战员分别到街头、

當鋪

茶馆、学校开展宣传活动，沿街张贴了“工农朋友组织起来暴动”“打倒地主财东”“打倒土豪劣绅”“杀尽贪官污吏”“建立苏维埃政府”等标语。部队纪律严明，无一士兵滋事扰民。百姓奔走相告，蓬溪县城一片欢腾。

当天，起义部队和县苏维埃政府召集富商士绅，筹集了一批军饷和布匹后，于第二天按原计划离开了蓬溪，向南充、西充、南部、新政等县进军。起义部队历时 1 个月，横扫 12 个县，从川中转战到川东北，行程 1000 多里，先后建立了蓬溪和新政等多个在四川乃至西南地区最早的县级苏维埃政府。

此时，敌人看到了旷继勋率部起义的猛烈攻势，大小军阀都极为惊恐。达县的刘存厚、涪陵的郭汝栋纷纷派兵防堵。第 21 军刘湘则派出几个旅的兵力前来堵截，第 29 军田颂尧也派军队从北向南形成包围态势。

7 月 30 日，起义部队到达资中县的猫儿寨，旷继勋计划攻下寨子后，补充给养，稍事休整。原先联络好的寨内地下党从里面策应打开寨门，然而当部队到达后，却不见内部策应人员，反而突然遭到强大火力的阻击。原来是刘湘部的许尧卿带着一个旅的兵力抢先进了寨，起义军两次强攻未果，还造成了很大的伤亡。此时，旷继勋又得到消息，长江一线已被刘湘所部截断，部队继续前往湘鄂的危险在增加。旷继勋立即召集第一路军主要领导人商议，最后研究决定部队先朝着开江方向进发，与王维舟、李家俊的游击队靠拢。

由于起义部队长途行军作战，身体疲惫，武器弹药短缺，众寡悬殊，从猫儿寨撤退后，进到开江马鞍山一带时，被刘存厚的部队包围，经过激战，突围后的部队转移到达县万家坝、碗厂沟、云雾山一带，被刘存厚部再次包围，最终接受改编。

旷继勋带着部分人员突围后，深知起义已经失败，痛心疾首。面对这样的境遇，他和几个主要骨干商量，决定将大部分人员遣散，分散隐蔽起来，或是转到地方，或是到一些军阀部队中去继续做兵运工作。他带着几名党员干部，被迫离开开江，前往成都向省委汇报。

这次起义虽未达到最终目的，但打击了四川军阀的黑暗统治，激励了全川人民，对四川革命形势的发展起到一定的推动作用，在四川播撒下了革命的火种。

03 留中央特科工作

加入“红队”

1929年8月，旷继勋在中共四川省委宣传部部长刘披云的护送下来到上海。他本来是计划经过上海，然后去苏联学习的。但周恩来了解到旷继勋领导的轰轰烈烈的蓬溪起义之后，认为他是国内迫切需要的军事人才，希望他能留在国内继续参加革命工作。在中共中央秘书霍步青的带领下，旷继勋见到了周恩来。

周恩来握着旷继勋的手说：“继勋同志，中国有句俗话，失败是成功之母嘛，蓬溪起义，历时一个月，南征北战，干得不错，虽然失败了，但星星之火，可以燎原，它已在四川乃至中国播下了革命的种子。”周恩来最后又说道：“中央军委决定在上海举办一个军事训练班，为各根据地开展武装斗争培养干部。你就先到这个班来学习，也可以介绍一下你在军事斗争实践的经验嘛！”

听了周恩来的话，旷继勋感觉精神为之一振，远征带来的疲惫和起义失败之后长存于心中的那份苦涩，一下子就消散了许多，他更加坚信，自己并不是在一条狭窄的道路上独行，而是在党组织的领导下，与革命群众一起，为了中华民族的翻身解放而奋斗。

旷继勋在培训班里，多次听周恩来授课，思想上受到很大的启发，逐渐认识到自己以前政治上是那么的肤浅，行动上又是十分的鲁莽，更加激发了他刻苦学习的坚定决心。他经常和大家一起讨论各种军事问题，把自己在斗争实践中的体会与大家分享，把各种疑惑提出来向大家请教，是班里最积极的学员。他不仅思想活跃，斗争实践经验也比较丰富，而且武艺超群，又有一手好枪法，赢得了大家的称赞。

旷继勋他们在军事训练班里学习 1 个月后就

毕业了，其他学员被派往各根据地领导革命斗争，经周恩来提议，旷继勋留在了中央特科。

中央特科的主要任务是保卫中央领导机关的安全，了解和掌握敌人的动向，向苏区通报敌情，营救被捕的同志，惩治叛徒。下设总务、情报、行动、交通4个科。

总务科负责为中央布置秘密机关和联络点，置办各种必要的家具和办公用品。

情报科的任务是掌握敌人的动向，以便抢在敌人动手之前采取行动，以保障中央机关和党的领导同志的人身安全，向苏区通报军事情报也是情报科的职责。情报科人员必须利用错综复杂的社会关系，采取打进去、拉出来的办法，或打入敌特机关内部，或在敌特机关发展内线。

行动科以“红队”著称。在特科内部，“红队”又称“打狗队”，其主要职能就是镇压叛徒。通常由情报科提供关于叛徒的情报，处决叛徒的任务则由“红队”执行。“红队”是一支精锐的小型武装部队，成员主要来自大革命时期工人纠察队的骨干，参加过上海工人武装起义；还有一些来自北伐军、有过战斗经历的人员。旷继勋加入中央特科后，被选配到“红队”执行任务。“红队”除了惩治叛徒，还要与情报科配合保证中央重要会议的安全。因此，“红队”队员个个都是神枪手，人人都会驾驶汽车。

交通科最初的职责是负责秘密的交通联络，以及护送党的领导人进入苏区。从 1928 年起，交通科主要负责建立和管理秘密无线电台，保障中共中央与共产国际以及和各苏区之间的通信联络。后来，这个科改为无线电通信科。

旷继勋加入“红队”后，接受的第一项任务就是负责处置叛徒白鑫和上海青帮头子黄金荣。

处置叛徒

1929 年 8 月 24 日这天，阴云密布，阴沉的天气似乎在预兆着一场灾难的来临。此时，中共中央军委在上海沪西区新闸路 613 弄经远里 12

号二楼军委秘书白鑫的家里开会。中国农民革命运动的先导者、著名的海陆丰苏维埃政权创始人、“农民运动大王”彭湃和中共中央军委委员兼江苏省委委员颜昌颐、负责兵运工作的邢士贞等同志参与了会议，会议在十分融洽的气氛下讨论了江苏省委、军委的工作，大家对革命前景充满了信心。

但没想到的是，担任中央军委秘书的白鑫早已叛变，他在会议召开前就把消息传递给了国民党。收到情报的国民党十分兴奋，立刻组织上海巡捕房的巡捕进行抓捕。下午4时许，巡捕房开着几辆红皮钢甲车包围了白鑫家的小楼，荷枪实弹的巡捕突然闯入会场，将正在进行会议的彭湃等人围了起来，然后全部逮捕。

当天下午，中央特科的情报科通过内线查明，出卖彭湃等人的叛徒是白鑫。

白鑫得到一大笔赏钱后，虽然很开心，但也免不了终日心惊肉跳，坐卧不安。他自知中央特科是绝对饶不了自己的。于是，他躲进上海国民党特务头子范争波的公馆里，准备偷偷出国。

叛徒白鑫的可耻行为让共产党人十分愤怒，解救彭湃等同志并铲除白鑫成为共产党人的当务之急。周恩来下令中央特科的神枪手们一起行动，对叛徒“必须坚决予以裁决”。旷继勋和中央特科的同志义愤填膺，紧握拳头，暗暗发誓，一定拿下白鑫的人头。

经过周密分析和部署，中央特科决定采取“劫法场”的办法解救彭湃。旷继勋与中央特科“红队”队员提前埋伏在囚车必经的途中。为了掩人耳目，部分特科队员化装成拍摄电影外景的摄影队和演员故作忙碌，另一些队员则化装成小商贩与老百姓在街上来来往往。他们虽然互不认识，但是都知道自己的任务，余光紧紧盯着囚车经过的方向，寻找时机行动。

敌人戒备森严，巡捕在囚车经过的路段来回巡查。“红队”队员们不敢有半点松懈，旷继勋绷紧神经，随时准备投入战斗。可就在快要行动的时候，负责给行动小组运送武器的同志却迟到了。

“同志们！不要慌！要镇静！”旷继勋压低了帽檐，隐蔽地对中央特科的同志叮嘱。他深知，越是紧要关头，越要冷静。就在这千钧一发之际，武器到位了，众人长长地舒了一口气，正当他们准备行动的时候，却又发现送来的枪支不能立即使用。旷继勋看着手中的枪支，眼眶都急红了。纵然同志们解救彭湃等人心切，但是这场事先经过周密布置的行动，最终因为武器出了问题而没能完成解救的任务。繁华的上海逐渐被黑夜笼罩，仿佛坠入了无尽的深渊。旷继勋的心情也跟着不断下坠，沉痛得难以自拔。

中央特科的同志们发誓，彭湃等革命先烈的血不能白流！如果让出卖彭湃等人的叛徒逍遥法外，不仅难以告慰烈士英灵，而且还会继续给党的秘密组织造成威胁。黑夜中，旷继勋咬紧牙关，庄严地许诺："我一定要手刃叛徒，以祭革命先烈！"

自从营救彭湃的计划失败，旷继勋便主动请缨去侦察叛徒白鑫的行踪。1929 年 11 月初，旷继勋侦察得知，一直躲藏在范争波公馆的白鑫，打算偷偷出国。他将情报上报之后，中央特科立即安排部署，打算直接枪杀这个无耻的叛徒。

11 月 11 日，范争波公馆里与往常不一样，总是有人进进出出，显得非常忙碌。当天渐渐地黑了下来的时候，躲了几个月的白鑫终于出现在了范公馆门口。借着夜幕的掩护，白鑫在范争波、范争波弟弟和几名保镖陪同下，悄悄地向汽车走去。护送白鑫去码头的汽车就停在距公馆门口不远的地方。

几个月来，白鑫整天躲在公馆里提心吊胆，过着人不人、鬼不鬼的生活。此时，他虽仍是极度紧张，但一想到这样的日子就要结束了，只要车到码头，船一开就可以远走高飞了，不由得兴奋起来。他加快脚步，恨不得一步跨上车去。不料，车门刚刚拉开，正要俯身上车时，突然传来一声“不许动”。白鑫浑身一抖，顿时惊呆了，只见七八个人影像从地下冒出来一样从四周包围上来，黑洞洞的枪口直指白鑫等人。

不等范争波的保镖掏枪，“红队”就开火了。一名保镖应声倒地，其余保镖惊慌逃窜。白鑫一边向范公馆大门狂奔，一边拔枪企图抵抗。旷继勋手疾眼快，一枪击中白鑫。“红队”队员冲上前去，又是几梭子子弹，叛徒白鑫当场毙命。范争波和另一名保镖受伤倒地，范争波的弟弟当场毙命。

完成了消灭叛徒白鑫的任务后，旷继勋就把全部的精力用在了对付青帮头子黄金荣上。

为了摸清黄金荣的行动轨迹，旷继勋开始出入舞厅与堂会活动。初冬的一个夜晚，黄浦滩头寒风刺骨，江水拍打着堤岸，发出哗啦啦的声响，灯红酒绿的洋场夜总会和外滩酒吧、舞厅已开始关门打烊，但在黄金荣居住的楼房里却还灯火通明。

黄金荣的客厅门口有一排八扇玻璃长窗，窗下三只红木茶几。对面有两只单人沙发并排放着，沙发前有张长条茶几。室顶刷得雪白，平顶正当中，吊着一盏巴黎出产的莲花灯，到了晚上，一揿开关，朵朵莲花光亮璀璨。

这是经过精心设计的当时上海较为时髦的中西合璧客厅，是黄金荣最喜欢的地方。白天，黄金荣在这里接见各种人物，召开各种会议，一到晚上，就成了他玩乐消遣的场所。

一天夜深人静时，黄金荣带着一个时髦的女人走进了这间客厅。一进门，黄金荣就迫不及待地将女人搂进怀里。早在窗外守候的旷继勋立刻扣动扳机，一枪打灭客厅的莲花灯，一枪打向黄金荣……

然而，这一枪却没有打到他的致命处，壮如牛的黄金荣没有被打死，只是受了重伤，但足以吓得他屁滚尿流，魂飞魄散。

04 率红6军驰骋湘鄂边

威震荆江两岸

大革命失败后，湖北荆江两岸轰轰烈烈的革命运动慢慢沉寂了下来。为了恢复和发展洪湖苏区的革命运动，1929年冬，中共中央决定派旷继勋赴洪湖地区秘密从事兵运和创建红军的工作。临行前，旷继勋向周恩来表示："我是中国共产党党员，已经没有自己的东西，一切听从党的安排。"

旷继勋简单收拾行李后立即奔赴洪湖苏区。两天后，他到达湖北江陵、当阳地区开展兵运工作。旷继勋曾在川军中有过当兵和做基层军官的经历，十分了解国民党军队的特点，善于与国民党军的士兵和基层军官接近。他与士兵们聊家常，谈论士兵们最关心的庄稼和土地。士兵们也渐渐喜欢上了这位谦和的年轻人，喜欢听旷继勋讲些新颖的道理。

一天，旷继勋与士兵们聊起当兵的原因，有的说家里没有土地，有的说被抓壮丁强征当兵，还有人说是为了能吃口饭，没想过为什么。听着大家的回答，旷继勋沉思了一会儿，忽然说道："当兵并不仅仅是为了混碗饭吃，我们也要为老百姓办事，解除他们的苦难。既然你们都出身农民，父母都是受苦受难的百姓，我们就应该为百姓着想，切不可去伤害他们，或是去抢他们的东西。"

旷继勋善于用朴素的话语打动士兵的心，与之接触过的人都很信任他。一些基层军官，也喜欢与他聊天，诉说自己在国民党军队的感受和心里的抱怨。不久，旷继勋就争取到 3 个连的国民党军到洪湖地区加入中国工农红军。

1930 年 2 月 5 日，中国工农红军第 6 军以独立第1师为基础正式成立，孙德清任军长，中共鄂西特委书记周逸群兼任政治委员，段德昌任副军长，许光达任参谋长。下辖2个纵队，第1纵队司令员由副军长段德昌兼任，王鹤任政委；第2纵队司令员段玉林，政委由军参谋长许光达兼任，全军5000多人。不久，孙德清军长因病离职，由旷继勋接任军长之职。

红6军的成立，使以洪湖为中心的鄂西根据地得以发展壮大。部队驰骋于荆江两岸，转战于河湖港汊，出没于芦荡蒿丛，巧妙地打击敌人。

2月15日，红6军在旷继勋和周逸群的领导下，挥师东进，连续攻克监北重镇新沟嘴和沔西渔阳镇，歼敌新5师一部，使江陵、石首、监利、潜江的革命根据地连成一片。

3月8日，旷继勋和段德昌率领红6军第1纵队，向驻守在郝穴镇的国民党岳维峻独立第14旅的两个营发起进攻。战斗于拂晓打响，一时间，镇四周枪声大作，不一会儿，红军便杀入街中。镇内守敌不知虚实，一边顽强抵抗，一边请求岳维峻派兵增援。岳维峻得到报告，立即派一个团前来支援。这时，旷继勋早已安排第 2 纵队许光达、段玉林带领部队埋伏在援军必经的道路上，敌援军一到，便打了他个措手不及，不仅有效地阻止了敌人的增援，还将援军歼灭大部。第 1 纵队迅速将郝穴镇内两个营的守敌全部消灭。

3 月 12 日，旷继勋和段德昌率第 1 纵队进攻沙市外围的观音寺据点。敌闻讯纷纷溃逃，观音寺失守，荆江两岸的守敌十分恐慌。18 日，旷继勋和段德昌率部乘胜向监利朱河镇进逼，在监利农民军配合下，激战 3 小时，将守敌一个团击溃，缴枪 300 余支，惩处了大恶霸刘修足和谢南弼等人。

红 6 军在荆江两岸所到之处，不仅使敌人闻之丧胆，人民群众参与斗争的热情也被激发得空前高涨。2 月至 3 月，潜江县、石首县、监利县、调关镇（调弦口）等苏维埃政府相继成立。随之，江陵县、沔阳东南区苏维埃政府的红旗也飘扬在荆江岸边。

4 月初，红 6 军又挥师渡江南下，相继攻克了藕池、调关镇（调弦口）和石首县城等地，极大地推动了公安、石首、华容、南县等地群众的革命斗争，红色割据的局面逐渐形成。

4 月 10 日，在旷继勋和周逸群率领的红 6 军支持下，中共鄂西特委在调关镇（调弦口）召开了第一次工农兵代表大会，成立了包括江陵、石首、监利、沔阳、潜江在内的鄂西苏维埃五县联县政府，政府内设秘书处和土地、财经、水利、军事、文化等委员会和政治保卫局等机构，周逸群被选举为联县政府主席。洪湖革命有了统一的行政领导机关，从而开始了苏区建设的新阶段。

1930 年 5 月，蒋介石与冯玉祥、阎锡山、李宗仁等的中原大战爆发后，驻鄂西的国民党军相继调离。旷继勋和周逸群决定抓住这个有利时机，迅速返回江北，扩大根据地。他们率领红 6 军在监利新沟嘴歼灭国民党新编第 5 师的一个主力连，接着又在普济观和郝穴镇歼灭国民党独立 14 旅两个营，然后，准备向洪湖西北部的峰口挺进。当时，峰口的上场驻有曾永昌的商团，下场驻有张泽厚的保卫团，加上峰口附近的土豪劣绅、地痞流氓也聚集于镇上，形成了一股顽固的反动势力。

他们探得红6军将攻打峰口的消息后，立即锯断了通往镇区唯一的内荆河上的木桥，并在河里布下了“梅花桩”，派重兵把守石桥，还修筑工事，将机枪架到河边。镇内每条巷子设有小栅栏，重要街口十步一岗、五步一哨。上下街头修复了钟楼，把文昌阁内的两座大铜钟挂在钟楼上，准备随时击钟鸣号，召集队伍负隅顽抗。

旷继勋指挥红6军先将峰口镇团团围住，然后指挥部队从四面发起进攻，进攻的部队遭到敌人机枪的疯狂扫射，进击的木船也被水下的梅花桩顶穿，进攻受阻。旷继勋见此情势，当机立断停止正面进攻，重新布置兵力，组织夜袭。

深夜，红军派出几支精干的小分队，从上、下街头摸掉敌哨，潜入镇内，迅速解决两座钟楼上的守敌。同时派出两个排的兵力乘坐竹排悄悄渡过内荆河，登岸后，即向主力部队发出信号。随着旷继勋的一声令下，红6军里应外合，一举将峰口镇攻克，毙敌50多人，生俘100多人，活捉一大批窜进镇内“避风”的土豪劣绅和地痞流氓。第二天，旷继勋在步昌花行门前召开群众大会，严惩了一批民愤极大的土豪劣绅。至此，整个东荆河以南的沔阳辖区变成了一片赤区。中共沔阳县委机关从郑道湖迁至峰口镇。

5月11日，旷继勋和周逸群又率红6军北上攻打沔阳县城。国民党沔阳县县长周道南及保卫团总汪步青听说后，吓得放弃抵抗，连忙带领县警备队和县政府官吏及一伙劣绅，向沔西仓皇逃窜。红6军顺利进入沔阳城，立即组织成立沔阳县苏维埃政府，并指示将国民党沔阳县政府所驻的红花堤白墙刷成红墙，以此来震慑敌人。紧接着，旷继勋和周逸群率领红6军和沔阳县赤卫队，兵分三路，向沔北重镇仙桃分进合击。此时，仙桃镇只有一个保安队，仅百余人枪把守，被我军轻易击溃后，保安队长带着残部逃往天门。

红6军占领仙桃后，部队给养得到极大的补充，随后北渡汉水，先后攻克了天门的岳口、汉川的系马口和汉阳的蔡甸，直逼武汉三镇，此时的红6军也发展到6000多人。

正在这时，红6军接到中央的命令，要求“迅速返回洪湖苏区，渡江西进，与红4军东下会师”。

于是，旷继勋和周逸群率部由汉阳西进，经沔阳返回监利，在下车湾附近渡江进入华容县境。在此期间，红 6 军连克华容、石首、南县 3 座县城。

7 月 1 日，红 6 军攻克公安县城，4 日，终于与贺龙领导的红 4 军在公安县的南平镇胜利会师。

这是一个晴朗的日子，临近中午时分，部队顶着火辣辣的太阳列队等候，忽然有人喊:“来了！来了！”大家不约而同地一齐向堤垸望去，只见一大队人马浩浩荡荡地开来。一面鲜红的军旗在前面开路，迎风招展，旗下是数十匹战马，四匹一排昂首走来，后面是一眼望不到尾的人流。贺龙率领的红 4 军来了！周逸群、旷继勋、万涛、段德昌、许光达、段玉林、王鹤、周容光等都迎了上去。

旷继勋根据中央指示与贺龙及两军前委在南平镇文庙召开了联席会议，贺龙领导的红 4 军改番号为红 2 军，与红 6 军合编为红 2 军团。贺龙任军团总指挥兼红 2 军军长，周逸群任政治委员兼前委书记，旷继勋任红 6 军军长。红 2 军辖第

4 师和警卫团，王炳南任 4 师师长、陈协平为政委；红 6 军辖第 16、第 17 师，王一鸣任第 16 师师长、王鹤为政委，段德昌任第 17 师师长、许光达为政委。这时的红 2 军团已有 1 万余人。

携手共战洪湖

公安会师之后，红 2 军团从陡湖堤渡江，进入江陵马家寨、郝穴等地。鄂西特委提出要攻打荆沙，但考虑到荆沙守敌较强，最后改为进攻监利县城。当红 2 军团进入监利县境内时，受到当地群众的热烈欢迎。监利县城守敌国民党军新 5 师公秉藩部和县保卫团极为恐慌，派出许多暗探，刺探红 2 军团的情况。

7 月 11 日，红 2 军团的红 2 军攻占了堤头，红 6 军攻占了汪桥。13 日，红 2 军团在监利苏维埃政府动员的 600 多名农军的配合下向监利县城发起进攻。当红 2 军团的先头部队行至太马河，准备从桥上向敌人发起攻击时，不料敌人早有准备，太马河上的木桥桥墩早被锯断，部队行至桥上时，木桥倒塌，许多红军战士落入水中，遭到敌人的猛烈扫射，伤亡很大，不得不中途撤兵。农军一部撤至堤头党家土地附近，又遭到监利保卫团周骥云中队的伏击，伤亡 200 多人。

红军进攻监利的失利，使敌人更加嚣张。国民党监利县长令全县大小土豪劣绅组成反革命义勇队，还请来“北极会”首领及会徒 500 余人在县城设坛传教，大肆诬蔑红军，屠杀革命干部和群众，对革命根据地进行骚扰和破坏。

旷继勋看到红军部队遭到如此大的损失，洪湖苏区也受到极大的破坏，心情十分沉重，他认为其主要原因是当地百姓受“北极会”毒害太深，其他反动武装过多。于是，他在红 2 军团前委会上提议：“当前，部队应首先扫除洪湖地区的‘白色据点’，肃清区内的反动武装，打下中心区域的坚实基础后，再集中力量消灭国民党反动军队。”

贺龙赞成这个行动方针。于是，红 2 军团在消灭当地“北极会”反动武装组织后，红 2 军向荆门、钟祥、京山、天门、潜江等地出击，红6军在江陵、石首、监利、沔阳一带对反动武装进行扫除。不久，两军在潜江会师，然后再向襄北发展。7月下旬，红2军团分两路向东北挺进，连克龙湾、熊口、老新口、周家矶、潜江城等地，随后北渡汉水，攻占岳口镇。至9月上旬，苏区内大部分“白色据点”被肃清，使被分割成若干块的根据地基本连成了一片。

1930年9月中旬，中共中央派邓中夏来到洪湖，接任鄂西特委书记和红2军团政委职务。由于他从苏联刚刚回到国内，对国内的革命形势，尤其是对湘鄂西苏区的情况缺乏了解，因此，他只能按照中共中央政治局通过的《新的革命高潮与一省或几省首先胜利》的决议及湖北省第三次党代会的精神指导工作，执行党中央的“左”倾冒险主义错误方针。

邓中夏到职后，于9月20日召开红2军团前委扩大会议，传达了中央和长江局要求红2军团渡江南下，配合红1、红3军团进攻长沙的指示。与会同志大都接受了中央的这一指示，但旷继勋提出，应该攻下监利后再行渡江，因为鄂西赤色区域不能因红军渡江而完全抛弃，而且攻下监利可以声东击西，乘敌不备以渡江。这一意见得到大多数同志的赞同。经过讨论，大家认为攻下监利只需 3 日，并有把握取胜。最后，会议作出了先攻监利县城，再向江南发展，以巩固洪湖为中心的苏区的决定。

监利城守敌是新编第 3 教导团和监利保卫团，共 2000 多人。教导团是新编第 3 师主力，装备精良，监利保卫团已扩充到 16 个连，全部由外地招募的兵痞组成，颇能打仗。

贺龙、周逸群、旷继勋、段德昌等研究决定，9 月 22 日开始攻城。作战部署是：以红 2 军第 4 师一个团攻占堤头，切断监城之敌与江陵之敌的联系；以红 6 军第 16 师一个团攻占毛家口，铲除后背之敌；以红 6 军第 17 师攻占太马河、刘家铺，从正面担任主攻，扫清外围之敌。为防止朱河守敌赶来增援，又令一个营和监利游击大队在上车湾埋伏。

为打好这一仗，中共鄂西特委进行了紧急动

员，在监利、江陵、石首、沔阳、华容等县火速调集 10 余万农军配合攻城。监利县委也发出紧急通知，9 月 21 日夜晚举行全县总暴动，暴动胜利后，各地农军火速向县城集结。

到了 21 日晚，全县一片沸腾，各路农军举着火把，从四面八方会集，人山人海，浩浩荡荡。深夜天气骤变，风雨交加，红 2 军团在 10 余万农军的协同下，冒着雨向监利进发。

22 日拂晓，旷继勋率第 16 师一部首先占领了毛家口，段德昌率领第 17 师很快占领了太马河、刘家铺。当部队进至北郊曾家峡堤和火把堤时，遇敌监利保卫团两个营的阻击，经过激战，将敌击溃，旷继勋所部进至北门城下。这时，贺龙率领的红 2 军到达北门、小东门和黄高桥预定位置。各路农军举着火把按时赶到，把监利县城围得水泄不通。第 17 师一部首先从黄高桥突破敌人的防线冲入城内，和敌人展开激烈巷战。守敌招架不住，且战且退，一直退至城南的江堤上，企图居高临下，拼死抵抗。

正在这时，潜伏在敌军中的中共地下党员杨

家瑞率领新3师教导团1营9连和10连在西门渊江堤上火线起义。敌军乱作一团，分两段沿江堤向东西方向逃窜。东路的残敌逃至罗汉寺、一矶头附近，全部被红军俘虏；西路的敌人逃到小龟洲，被农军堵住，缴械投降。江中赶来救援的8艘敌舰，也被红军击退。战至23日清晨，监利县城被占领。

这次战斗共歼敌2000余人，缴枪1000余支、迫击炮5门，逮捕大小土豪劣绅100多人。

下午，旷继勋与邓中夏、贺龙、周逸群在县城上清观前面广场主持召开了有数万军民参加的庆祝大会。红旗招展，锣鼓喧天，一片欢腾。

9月24日，鄂西特委和红2军团前委在监利举行了联席会议，成立新的湘鄂西特委和湘鄂西苏维埃联县政府。邓中夏任书记，周逸群任军委代书记，贺龙任红2军团总指挥。因贺龙和邓中夏要随军行动，不能参加特委工作，又决定周逸群调到地方代理湘鄂西特委书记，邓中夏任前委书记。这次会议还宣布了旷继勋奉命调中央工作的决定，红6军军长由段德昌接任。

05

率红4军征战鄂豫皖

磨角楼“围点打援”

1931 年 1 月，根据中央的指示，红 1 军与红 15 军在鄂豫边苏区的麻城福田河合编为红 4 军，正在中央特科工作的旷继勋被任命为军长，余笃三任政治委员，徐向前任参谋长，曹大骏任政治部主任，下辖第 10、第 11 两个师，蔡申熙任第 10 师师长，陈奇任政委；许继慎任第 11 师师长，庞永俊任政委。每师各辖 3 个团，全军共 1.25 万余人。活动在皖西的红 1 军第 3 师第 7 团改编为军属独立团。

此时，经过第一次反“围剿”，包围在苏区四周的敌人已转入守势，但在鄂豫边和皖西苏区之间，敌人仍占有黄安、麻城等大大小小的城镇，将鄂豫皖根据地分割成互不相连的两块。

时任中共鄂豫皖特委书记兼军委主席的曾中生决定，把握敌人二次“围剿”尚未开始的机遇，肃清这两块根据地之间的敌人，把根据地联结起来，他把这一行动称为“拔钉子”。曾中生把这一任务交给刚刚成立的红 4 军。

旷继勋接受这一任务后，立即召开会议进行研究和部署，他决定把第一个目标确定在麻城北部地区的磨角楼，这里由国民党军夏斗寅部第 13 师的一个营把守。这帮敌人不仅残杀苏区军民，而且挡在红军出入鄂东北苏区和商南苏区之间的路途中，危害很大。

1931 年 1 月 26 日夜，旷继勋率红 10 师两个团兵临磨角楼，将守敌包围，于第二天拂晓前发起猛攻。徐向前率红 11 师 3 个团和红 10 师第 31 团，前往磨角楼与麻城之间的骑骡铺一线，占据险要山头，向麻城方向警戒，准备待机打援并攻取麻城。

但红 4 军的第一仗并不顺利。磨角楼地处两大苏区之间，为防红军突袭，敌人多年来在这里大兴土木，建成了里三层外三层的防御工事。这天拂晓，红军两个团突袭不成，被迫转入强攻。

前线攻击受挫的消息传到军部，旷继勋亲自赶到火线上，手提短枪，指挥一个团从东面向敌冲击，又令第 11 师师长许继慎率另一个团，从西面发起强攻。

守敌陷于红军四面包围之中，无法出逃，只能拼死作困兽斗。敌营长令人将数挺机枪架在寨墙上，向奋勇冲锋的红军官兵疯狂扫射。红军战士一次次冲上去，又一次次被打回来。冲击道路上，留下了许多进攻者的遗体。

激烈的战斗一直进行了两天，磨角楼仍然没有被攻克。红 11 师的两个团已失去了战斗力。

旷继勋大声命令道："传我的命令，从参谋长那里调一个团来，加入战斗！"

第 31 团被调回来投入进攻，旷继勋亲自率领，一天的战斗打下来，磨角楼仍在敌人手中。

“再调一个团来！”旷继勋红着眼睛吼道。

第11师的一个团又被调回来加入磨角楼之战。

旷继勋把4个团长叫到军指挥所，命令他们率领自己的部队轮番发起强攻。磨角楼内外硝烟弥漫、杀声震天。

驻守麻城的国民党第13师副师长朱怀冰，接到红军猛攻磨角楼的报告后，急率4个团出麻城北援。于是，在麻城通往磨角楼的山路上，卷起滚滚尘烟。

此时徐向前能用于打“援”的兵力只剩下两个团，他和第11师师长许继慎带领这两个团，在骑龙铺一线据险而守，顽强阻击朱怀冰部。敌军迅速抢占要点，进行负隅顽抗。两军激战三日，红军毙、伤、俘敌500余人，将敌军援兵全部击溃，确保了磨角楼攻坚战的最后胜利。

磨角楼之战，尽管红军伤亡不小，却拔掉了插在鄂豫边苏区与皖西苏区之间的一颗大“钉子”，打通了鄂东北苏区与商南苏区的联系。

新集拔“毒钉”

磨角楼的战斗胜利后，旷继勋又带领红 4 军把打击的目标集中在新集。

新集位于光山南麓苏区中心，三面环山，东临潢河，城内方圆数里，城墙高两丈、宽七尺，全部用青石条垒就，就是迫击炮弹打上去，也只能留下一道白印。城中驻守的并不是国民党正规军，而是周围数百里内丧失了土地和家产，与共产党有“不共戴天之仇”的“土顽”。

为铲掉这座反共巢穴，红军曾两次攻打新集，都因守敌过多，城坚难破而受挫。敌酋陈礼门、关少甫声称：“新集城防，固若金汤，‘赤匪’再来，也就是送死罢了！”

曾中生和旷继勋研究决定，拔掉苏区中的这颗大“毒钉”，将它作为鄂豫皖苏区政府所在地。旷继勋命令第 10 师第 30 团前往新集，先将它团团围住。

红军的行动引起了敌人的警觉，陈礼门、关少甫下令把城外500米地带的民房全部烧毁，不给红军留下攻城的掩蔽物。又把镇内所有青壮年男子一律编入守城队伍，固定每人在城墙上的位置，日夜站岗放哨，如发现谁擅自离岗，立即杀其全家。

1931年1月下旬的一天夜晚，红4军冒着大雪，全军移师新集。旷继勋令第10师攻打新集，令许继慎率第11师部署于新集以北的泼皮河，准备伏击由光山出援的敌人。

红军只有几门迫击炮，没有其他重武器，对于青石垒就的新集城墙无可奈何。第30团团长王树声、政委戴克敏决定采取爬城硬攻的办法。

农历腊月十五的早上，新集攻坚战打响。

“机枪掩护！一营准备好云梯，给我上！”王树声手提短枪，背绑大刀，来到前线，大声发出命令。

数挺机枪同时响起来。1营的第一支突击队高声呐喊着，抬着一架架云梯，奋勇越过城外的

500 米的“开阔地”，向城墙根冲去。

“打呀！打‘赤匪’呀！”城头上，敌人的喊声也响起来。一门门土炮拖着白烟，向攻城的红军战士打下来，然后是如同蝗群般的密集弹雨。

冲在最前面的红军战士们被击中，连同肩上的云梯一起倒下。

“第二突击队，上！”王树声怒吼一声。1 营的第二支突击队吼着“冲啊”，冒着弹雨冲进“开阔地”，拾起战友们丢下的云梯，奋勇冲向城墙。

“机枪，给我狠狠地打！”王树声大声喊道。

全团的机枪都被调到这个突击点上。十几条火舌吐出火焰，子弹像刮风一样打向城头的敌人。在激烈的对战中，云梯终于在城墙上竖起来。

一名红军战士口衔大刀，赤着双臂，向上攀去。

王树声、戴克敏瞪大眼睛，望着这名勇士！

“打呀！有人上来了，快放滚木礌石！”城头上，敌人发现了云梯，惊呼起来。

一排滚木礌石打下来，云梯被打折，登城的勇士战死在城墙下。第 30 团的第二次进攻又告失败。

军参谋长徐向前、第10师师长蔡申熙来到了第30团指挥所。

“第三突击队，跟我上！”王树声已经打红了眼，高举大刀，冲出指挥所，投入第三次攻击。

但是，他亲自带领的这次攻击也没能奏效。敌人再一次用密集的火力和滚木礌石将他们打退回来。

蔡申熙对徐向前说：“参谋长，不能这么打了！这样死打硬拼，伤亡太大啦！”

“王树声，停止进攻！”徐向前果断地说。他匆匆赶回军指挥所，向旷继勋建议：“要想个别的法子，这么打下去，把部队拼光，也不一定能破城！”

第30团又攻了几天，仍没能实现突破。旷继勋和徐向前、蔡申熙共商破敌之策。

徐向前、蔡申熙又到第30团指挥所，召开第10师各团指挥员会议，要求大家献计献策。

“敌人赖以坚守的是我们面前这座城墙。要能把城墙弄一个口子，敌人就完了！”戴克敏说。

“挖坑道！”王树声一拍脑门，跳起来。“从地下挖一条坑道，一直挖到城墙底下，放上几百斤炸药，把城墙炸开！”

“这个办法好！”徐向前、蔡申熙说。

徐向前将此计策报告给旷继勋。旷继勋表示同意，并作了另一手打算：万一此招不灵，他就要在军部直属队里选拔精壮人员，组成奋勇队，代替第30团去攻城！

新集城外，第30团的坑道作业已经开始。王树声令1营展开佯攻，疲惫敌人，掩护坑道作业，2营、3营昼夜突击，开挖坑道。

由于缺乏土工作业经验，第30团的第一条坑道挖得较浅，方向也不准。5天后，又一条四五十米的坑道悄悄地延伸到了城墙脚下，却遇上了一座茅厕。只听“轰隆”一声，坑道顶部塌陷，茅厕里的屎尿倒灌下来。城墙上的敌人听到下面有响动，立即用许多滚木和石块往下打。这条辛辛苦苦挖成的坑道，只好报废。

“再挖一条！”王树声听到报告，亲自赶到坑道口，“这次挖深一点，每挖一段就打上木桩、撑上木板，别让它再塌下来！”听战士们反映坑道

里不能点灯，黑乎乎的一片，很难保证方向，他又报请徐向前，将全军所有的手电筒都收集起来，解决坑道里的照明问题。王树声干脆坐镇坑道口，督促坑道的开挖工作。

军指挥所里，旷继勋命令军参谋主任范沱把军部手枪队、交通队集合起来。他走到队伍面前说：“30 团还没有把新集拿下来。我决定在军部组织一个奋勇队。愿参加的出列！”

战士们纷纷跨出队列，勇敢地站成一排，大声说道：“请军长指示，我们保证完成任务！”

旷继勋激动地说道：“你们都是好样的！回去做准备，随时听命令去 30 团。一定要把新集拿下来！”他吩咐军参谋主任范沱，给奋勇队每人准备一支短枪和一把大刀。

第 30 团官兵听说军部准备成立奋勇队支援他们的消息，大家都感到脸上无光。于是，坑道作业加快了速度。第二天，长达 100 多米的坑道完成，一口塞满数百斤黑色炸药和碎铁块的巨大杉木棺材，旋即被推进坑道，一直推到城墙根底下。棺材外面又用大铁钉牢牢钉死。王树声还怕它不结实，又令人在上面加了几道铁箍。

坑道爆破准备就绪，范沱也把奋勇队带到了城下。听说第30团就要实施坑道爆破，旷继勋、余笃三、徐向前、蔡申熙一起来到团指挥所。

下午5时，王树声请示："军长，可以开始吗？"

旷继勋大声说道："开始！"

一根长长的土造导火索被点燃，随即是一段漫长得让人感到压抑的寂静。

"轰"的一声惊天动地巨响，一道黑烟在新集北门口冲天而起，城墙被炸开一道丈把宽的豁口。

"同志们，冲啊！"随着爆炸烟团升起，王树声率第30团冲了上去。范沱带领军部奋勇队也一拥而上。

这时，架在北门外、破城时起不了多大作用的几门迫击炮，也将为数不多的炮弹一发一发地射进城里去。新集的城墙，终于被攻破！

陈礼门、关少甫听说北门被破，急令豁口两侧守敌向冲进城里的红军部队发起反攻。敌人自知是在作最后的生死战，表现得相当疯狂。一时间，北门豁口内外，敌我双方大刀挥舞，寒光闪闪，血肉横飞，杀声地动山摇。

第 30 团官兵和军部奋勇队经过勇猛冲杀，将反扑的敌人击退，杀进城内，与残敌展开激烈巷战。第 10 师师长蔡申熙见敌已陷入混乱，立即命令第 28、第 29 团从城南、城西发起强攻，冒着滚木礌石，奋勇攀上城墙，冲进城内。

经过 3 个多小时的激战，除陈礼门带少数亲信从东门逃走外，城内敌人全部被肃清。

新集的解放标志着鄂豫皖苏区内的一颗“毒钉”被拔掉，光山、商城、皖西之间的通道被打通。从此，新集成为鄂豫皖特区苏维埃政府的所在地。

奇袭李家集车站

就在红 4 军攻克新集之际，驻皖西重镇六安的国民党军第 46 师，在共产党员魏孟贤的率领下，两个营发动兵变，一举攻下国民党军两个旅部和一个团部，击毙国民党军旅长、团长多人，然后率起义部队进入苏区，与红4军独立团会合。

皖西国民党主力第46师遭此重创之后，一蹶不振，红4军也少了“皖西之忧”。此时，蒋介石正在集中重兵第二次“围剿”江西中央苏区，平汉路南段兵力空虚。中共中央紧急指示曾中生、旷继勋，率红4军西出平汉路，打击敌人，支援中央苏区的反“围剿”斗争。

1931年2月下旬，新集之战后的红4军经过短暂休整，突然大踏步西上。旷继勋、余笃三率军部和第10师由新集出发，许继慎、庞永俊率第11师从新集以北泼皮河出发，穿越光山南部的九山十八寨，于3月1日拂晓悄悄进入豫南雄关武胜关东侧的三里城，做好了出击的准备。

这天，正下着大雪，突然，一个满身积雪的铁路工人在地下党负责人的带领下来到军部，急忙说道：“同志，我要找领导，有重要情况报告！”

旷继勋迎了上去，说道：“我就是军长旷继勋，有什么话请讲！”

铁路工人开口说道：“军长同志，我是李家

集车站党组织派来的。刚刚，信阳车站来电话说，下午有一趟兵车从那里向南开，要经过我们车站。”

旷继勋神情一动，连忙问道：“车上有多少敌人？”

“没有说。”

旷继勋说：“这个情报很重要，你先去休息一会儿，我们马上研究一下。”他立即找来政委余笃三和参谋长徐向前商量。打李家集车站本不在他们的作战计划之内，但有了这个机会，哪能不打呢？

意见统一后，旷继勋把第 11 师副师长兼第 33 团团长周维炯叫过来，说道：“维炯，李家集车站有一趟国民党的兵车经过，你立即率领 33 团占领李家集车站，尽量不要打枪，占领车站后严格控制车站人员，只能进、不能出。等兵车来了，将它搞掉。明白吗？”

“明白！”周维炯干脆利索地回答。

第 33 团由铁路工人带领，冒着大雪向李家集车站跑步前进。李家集是个小车站，位于武胜关以南，没有敌人防守。

在大雪的掩护下，周维炯带领第33团没费多少气力就占领了车站。

周维炯走后，旷继勋又派军部随营军校政委刘杞带领特务队30多人前去支援。刘杞是铁路工人出身，旷继勋给他的任务是赶在敌人兵车到来之前，将车站南段的铁轨卸掉！

车站调度室里，周维炯一直在等待信阳车站的发车通知。下午3时，电话铃声响起来："喂喂，是李家集车站吗？"

"是的，是的。"

"我是信阳车站调度室。兵车现在发出，7点钟到你那里，做好接车准备！"

"明白！"

刘杞领受任务后，立即带领特务队赶到车站，动员车站工人一起，将车站南面的一段铁轨拆除。

周维炯命令全团在车站内埋伏停当，做好战斗准备。

大雪一直下个不停。晚7点左右，一条黑色长蛇似的兵车大声吼叫着，驶进李家集车站。

“打！”周维炯说。

埋伏在铁轨两侧的红军官兵一齐开火，机枪、步枪子弹密集地向车厢飞去。兵车司机不知出了什么事，急忙停下来。

“同志们，冲啊！”周维炯大喊。

第 33 团指战员一个冲锋，将兵车一节一节包围，敲开车门，登上车厢。

“不许动，举起手来！”

“我们是红军，缴枪不杀！”

中间车厢里，一个身佩少将军衔的敌军官刚要反抗，就被眼疾手快的红军战士一枪击毙。

“你们被包围了，快下车投降！红军保证你们的生命安全！”

另一个敌军官见此，只好带着士兵排成队，从车厢里走下来，将轻重武器摆放在站台上。

周维炯把一名中校军官叫到面前问道：“你们是哪一部分？”

“报告长官，我们是新编第 12 师的！”

“刚才被打死的少将是谁？”

“是我们旅长侯镇华！”

原来，这是个两团制的旅，正向江西中央苏区开拔，没想到半途就做了俘虏。

周维炯灵机一动，计上心来，他在车站以侯镇华的名义打电话给武汉国民党绥靖公署说：“我们路遇红军，请火速派兵增援。”

第二天下午，果然有敌兵增援，一个手枪营全部做了红军的俘虏。

西出平汉路第一仗，第33团就缴枪2000多支，还有几车皮的军用物资。周维炯派人向旷继勋军长报告。旷继勋请地方党组织动员上千群众搬了几个小时才将全部物资搬完。

数日之后，红4军再次袭击武胜关南的柳林车站，将敌新编第12师的一个营消灭、两个团击溃。两战两捷之后，红4军乘胜东去。

“大捷”双桥镇

红4军在平汉路的频繁活动和节节胜利，引

起了国民党的极大恐慌。国民党郑州绥靖公署主任刘峙、武汉绥靖公署主任何成濬害怕受到蒋介石的斥责，急令赵观涛的第 6 师第 18 旅、张印相的第 31 师第 91 旅、张钫的第 20 路军第 63 旅开赴豫南信阳、罗山一线，由北沿平汉路向南推进。又令张印相的第 31 师两个旅出广水，沿铁路线向北推进。两路敌人准备以武胜关为会合点，寻找红 4 军“决战”。

在张印相第 31 师的背后，岳维峻第 34 师也出孝感，由平汉路东侧向北推进，参与“围剿”红 4 军。

曾中生、旷继勋密切注视着敌人的动静。

1931 年 3 月 4 日，其他敌人还没行动，岳维峻就按捺不住了，率领师部和两个旅 3 个团的兵力由孝感北进，经花园镇进占小河溪，8 日进抵大悟山以北、广水以东、九里关以南的双桥镇。

双桥镇四面是山，澴水由北向南流经镇东。岳维峻到达此地之后，令部队在该镇四周构筑环形防御工事，不再前进。岳维峻是老牌军阀，早年追随冯玉祥时，曾任河南省督办和国民军第 2

军军长。现在，冯玉祥为蒋介石所败，他不得不在南京政府屋檐下讨生。此次出兵“围剿”红军，他并不是为了讨一个“头功”，而是不想因“行动迟缓”又被何成濬等人抓了“辫子”。

由于广水、信阳之敌迟迟没有出动，岳维峻所部的位置，就被孤立和突出起来。

红4军正在武胜关东的三里城秘密待机。军部特务队迅速将这个情况报告给了旷继勋。旷继勋高兴地说道:“这个岳维峻可恶！别人都没行动，他来得倒快。就打他！”机不可失。旷继勋立马开会布置行动。

当夜，部队冒着细雨，分道向双桥镇疾进。于次日凌晨5时，各部按计划到达攻击出发位置，对敌人形成包围态势。旷继勋、余笃三率军指挥所进至双桥镇东北一座高地上。徐向前用望远镜观察镇内敌情，只见炊烟袅袅、灯火通明，原来敌人尚未发现自己已陷入红军重围之中。

徐向前看了看表说道:“军长，攻击时间到了！”

“开始！”旷继勋果断下令。

两发红色信号弹划破黎明前的夜空。在镇北

和镇东完成攻击准备的第30、第31团立即向镇内发起攻击。第30团团长王树声、政委戴克敏带领部队跟随突击营行动，他们在机枪火力掩护下，迅速抢占镇北敌军的两座山头阵地。

守卫山头的敌营长从慌乱中缓过神来，急忙令全营进入阵地，用密集火力向山下射击。冲在前头的红军战士一个个倒下了，后面的也被强大的火力压得抬不起头。政委戴克敏急忙说道："团长，你带人从正面吸引敌人，我带一个连从左翼爬上去！"

"好！"团长王树声回头喊道，"突击队，跟我上！"

被打趴在地的红军战士又爬起来，跟着团长往上冲，将敌人的火力吸引过来。戴克敏趁机带一个连，悄悄地从左侧摸上山去，突然出现在敌人背后。

"同志们，杀敌人！"戴克敏大喊一声，跃进敌军战壕，与敌人拼起了大刀。钢铁相触，铿锵有力。战士们随后纷纷杀进敌军阵地，与敌肉搏。王树声一见此情，也拔出大刀，率突击队杀上山来。一直顽强抵抗的敌人被惊天动地的喊杀声震慑，“哇哇”地怪叫着，有的举手投降，有的丢下枪支，从掩体里逃出去，跟着营长奔向镇里。不一会儿，镇北的两座山头被红军占领。

镇子里，又矮又胖的岳维峻早被惊醒，听到镇北枪声密集，立即带着特务连赶来。正好遇到山头上的败兵一起向镇子里跑，他抬手就是一枪，毙了一个跑在前头的白军士兵，大骂：“都给我回去，把山头夺回来！谁临阵脱逃，一律军法严惩！”

敌营长无奈，只好带着败兵掉头杀回。岳维峻怕他们顶不住红军的攻势，又令镇西和镇西南的部队火速向镇北增援。他还组织了一个团的冲锋队，向第 30 团发起一次次反扑，要将丢失的山头阵地夺回。

第 30 团前进受阻，被迫在北门外的高地上与反扑之敌展开激战。敌我双方一时间打得难分难解。

当岳维峻向镇北调兵遣将之时，倪志亮率领的第 31 团经过苦战，也在镇东突破敌军阵地，消灭敌军一个前哨连，打进镇内。岳维峻闻报，大惊失色，又从镇北分兵一部去镇东“堵口子”。战斗进行到这时，敌军的防御体系已经不攻自乱。

天亮起来，敌我双方的视野都更加开阔了。听说红军来打双桥镇，苏区人民主动赶来参战，镇子四周的山头上，红旗飞舞，杀声鼎沸，这样一种气势对困守在镇内的敌军心理起到了巨大的瓦解作用。岳维峻心中害怕，频频发电给广水和信阳的两路敌人，要他们速来增援，又发电报给武汉绥靖公署主任何成浚，要他派飞机来轰炸红军。

上午 9 时，何成浚果然派来了两架飞机，对镇北、镇东红军攻占的山头俯冲轰炸。

岳维峻大为高兴，命令炮兵营向红军占领的阵地开炮。一发发炮弹落在第 30 团和第 31 团的阵地上，弹片横飞，浓烟滚滚，给红军造成极大的威胁，官兵伤亡不断增加。

第 10 师师长蔡申熙见情势危急，冒着敌机轰炸，跑步进入第 30 团的阵地。他一边喘着粗气，一边大声叫道：“机枪，打敌人的飞机！”

机枪手听到喊声，从半塌的战壕里爬起来，竖起机枪，向敌飞机射出一串串子弹。敌机不知道是害怕被枪弹击中，还是炸弹已经投完，转了一个圈，便飞走了。

岳维峻以为时机已到，下令以两个整团的兵力，向镇北红军占领的山头发起大规模反扑。敌我双方，在山上山下展开了更激烈的抵近厮杀。

一大群敌人号叫着往上冲，第 30 团突击营伤亡不小，一线阵地上的红军兵力显得单薄。

蔡申熙让王树声把作为预备队的第 2 营调上来增援。

第 2 营上来后，战士们直接挺起刺刀与敌人拼杀起来，战场局势立刻发生了转折。这时，正在指挥所指挥的师长蔡申熙，突然被一梭子子弹击中了左臂，顿时鲜血直流。团政委戴克敏见状，急扑过来进行包扎，然后叫来几个战士将他护送下山。

师长的负伤，更加激起了第 30 团官兵对敌人的满腔怒火。王树声又把最后的一个营调来投入了战斗。

敌人的进攻一次次被打退下去。到了中午，岳维峻再也组织不起来有力的反扑。他明白大势已去，下令各团残部收拢，向镇南几座制高点且战且退。

镇子东北的山头上，军指挥所的旷继勋、余笃三、徐向前看到了战场上发生的一切。徐向前建议："敌人已'再衰三竭'，是使用预备队的时候了！"

旷继勋立即下令道："传我的命令，第 28、第 33 团出击！"

已在澴水东西两岸进入攻击位置的第 28、第 33 团接到命令，立即投入战斗，他们如同两把尖刀，快速突破敌防御阵地，直插敌群中央。

正向镇南移动的敌军被分割成几部分。一直与敌拼死血战的第 30 团和第 31 团见势，也从镇北和镇东两路杀向敌军。

此时，国民党第 34 师残部已团不成团、旅不成旅，已成全线崩溃之势，整连整营的士兵干脆就地坐下缴枪投降，只剩下岳维峻率领的部分残敌拼命向南突围。当他们逃到罗家城附近时，又遭到第 29 团拦截，被迫转向西南。这时，周维炯率第 33 团从后面追杀过来，将残敌包围缴械。岳维峻带着几个随从逃至罗家城南的一个稻场上，被第 33 团追上来的战士团团围住。他不得不举起双手，战战兢兢地自报家门：“别开枪，我是岳维峻，我投降。”

下午 1 时许，双桥镇被红 4 军占领，岳维峻的一个师部、2 个旅部、3 个步兵团和一个炮兵营，5000 余人全部被歼，红军缴获枪 2000 多支、山炮 4 门、迫击炮 10 余门和大量军用物资。

双桥镇战斗的胜利，是红 4 军成立以来的空前大捷。当晚，岳维峻被押到军部，与徐向前见面。

“岳师长，你还认识我吗？”

岳维峻抬起头，看了看眼前这位年轻的红军指挥员，摇了摇头。

“我是徐向前，1925 年在你的国民军第 2 军第 6 混成旅当过团副。”

岳维峻睁大眼睛看了看，又摇摇头，长叹一声，说：“既有旧谊，还请徐先生多多关照。只要给我留一条活命，什么事都可以商量。”

徐向前回到红 4 军军部，向旷继勋和曾中生汇报后提议，可以利用这个老军阀求活的心理，让其家属和部下拿钱来“赎命”。

曾中生说：“这个想法好，敌人对我实行经济封锁，根据地布匹、药品都很缺乏。干脆用岳维峻换些布匹和药品。”

旷继勋也赞同地说道：“用他换回一些装备也是值得的。我军的武器弹药就是要靠敌人送嘛！”

曾中生和旷继勋研究决定，将岳维峻手下的副师长、参谋长全部释放，还开了一张“赎命”的清单，让他们带给岳维峻的家属。果然，对方不敢食言，从 1931 年的 3 月到 11 月，连续给红军送来了 3 批枪支弹药、药品和足够做 20 万套军装的布匹，还有大量纸张、火柴等苏区十分匮乏的日用品。

在红 4 军取得双桥镇大捷之时，留守皖西的红 4 军独立团在团长肖方率领下，成功地发动了霍邱南部起义，将皖西苏区向北扩大到霍邱境内。不久，独立团和王效亭的中央独立 2 师、魏孟贤的六安兵变部队合编，组建了红 4 军第 12 师，许

继慎调任该师师长，庞永俊任政委，下辖第 34、第 35、第 36 共 3 个团，第 11 师师长由周维炯接任。此时，红 4 军在旷继勋的领导下，已经成为一个能进行大规模运动战、攻坚战、阵地战的大军团。

避实击虚破“围剿”

岳维峻双桥镇兵败被俘的消息传到南京，蒋介石震怒不已，一天内数次发电给郑州绥靖公署主任刘峙和武汉绥靖公署主任何成浚，称他对 34 师之败“殊堪痛心”，责令刘、何务必在 5 月“国大”召开之前，“剿灭”鄂豫皖红军。刘峙、何成浚不敢怠慢，立即着手部署第二次“围剿”鄂豫皖苏区的计划。除参与第一次“围剿”的各部外，又将葛云龙第 33 师、李韫珩第 53 师调入豫南，加入“围剿”大军。具体部署是：以吉鸿昌第 30 师、张印相第 31 师、葛云龙第 33 师组成“追剿”部队，任命吉鸿昌为总指挥，向根据地中心实施“长驱直入，中央突破”；将李韫珩第53师、戴民权第25师布于豫南潢川、光山、商城、固始（北线），夏斗寅第13师、肖之楚第44师布于麻城、罗田、黄安、黄陂（南线），赵观涛第6师及新编第2旅等部布于平汉路东侧（西线），组成三面“堵剿”部队；在皖西，岳盛宣第46师，伙同警备第1旅及六安保安团，共7个团的兵力，构成进攻鄂豫皖苏区的东线兵团。加上部署于二线的徐源泉第48师、郭汝栋第26师等，国民党军在第二次“围剿”中，共投入兵力11个师2个旅、13万余人。

1931年4月8日，国民党鄂豫皖三省“绥靖”督办李鸣钟奉命将“绥靖”公署移至潢川，发誓要在5月5日之前将鄂豫皖红军“全部剿灭”。

面对国民党的疯狂“围剿”，中共鄂豫皖特委书记曾中生和红4军军长旷继勋领导苏区军民，奋起反击敌人的第二次“围剿”。

4月10日，国民党第46师师长岳盛宣，率部渡过淠河，率先进犯皖西苏区，连续占领独山镇、诸佛庵、麻埠等地，金家寨告急。

面对敌人的四面围攻，曾中生主持召开特委会议，他十分冷静地分析说:“敌人已在战略指导上犯了错误。前一时期我军频繁出击平汉路，敌人就把主要兵力放到了鄂豫边。皖西的岳盛宣也以为我军主力在大别山西，这才孤军疾进……敌人的错误我们应当利用。我提议红 4 军留一支部队在鄂豫边钳制敌人，主力立即前往皖西，给岳盛宣一个出其不意的打击！消灭皖西之敌后，再回过头来解鄂豫边之围！”

会议决定由红 4 军参谋长徐向前带领第 10 师的第 28 团和第 30 团留守鄂豫边，会同地方武装与“围剿”之敌周旋；旷继勋率军部和第 11 师及第 10 师第 29 团东下皖西，与不久前成立的第 12 师会合，重点打击岳盛宣。

4 月 20 日，旷继勋和第 11 师师长周维炯率部从商南出发，23 日到达金家寨，与许继慎领导的第 12 师合兵一处。

刚一见面，旷继勋就问:“敌情如何？”

许继慎将作战地图铺在旷继勋面前，细致地

说道:“敌46师两个旅加保安团一部驻麻埠，警备2旅一个团和保安团另一部驻独山，负责维持与六安、霍山的联系，掩护后方。我建议我军弃麻埠之敌于不顾，集中力量，先打独山镇这一个团，斩断麻埠与六安、霍山之间的联系。这一仗打好了，淠河以西之敌军心必乱，我们待机而动，必获大胜！”

“说得好！我非常赞同你的看法。”旷继勋非常欣赏这位具有独特军事才能的年轻干将。

旷继勋进一步部署道:“继慎，你带12师进占东西香火岭，隔断麻埠、独山两敌的联系；我带军部和第11师主攻独山；将六安、霍山地区的游击队、赤卫军部署在淠河西岸一线，对六安、霍山方向执行警戒，准备断敌退路，阻敌援兵；把第29团作为预备队。如何？”

“我完全同意！”

4月24日夜，旷继勋和许继慎率部分头出发。次日拂晓，大雾弥漫，旷继勋率第11师的3个团和第29团抵达独山外围。旷继勋派出侦察员侦察得知，敌保安团一个营又一个连分散配置在镇子四周的高地上，警备 2 旅一个营配置在镇西南的制高点上，构成了警戒线和环形防御阵地，镇内是两个营又一个连防守。敌人以为红军主力在大别山另一侧，防守并不严密。

旷继勋命令第 31 团和第 33 团立即兵分两路，在敌前展开。第 31 团由西向东，攻击独山镇以西敌外围警戒阵地，第 33 团由南向北攻击独山镇西南的制高点南头山敌军阵地。

驻守镇西警戒阵地的敌保安团一个连，被第 31 团突击营的突然袭击打得猝不及防，当即全线溃退，四散而逃。第 33 团在向南头山高地进攻时，遭到警备 2 旅一个营的顽强阻击，敌我双方在山上山下展开了反复争夺。镇内敌保安团长听到南头山枪声激烈，急派一个营出镇增援，在镇西与第 31 团遭遇，就地组成第二道防御线，阻止红军向镇内进击。因敌占地形有利，红军屡攻不克，战斗进入胶着状态。

旷继勋见状，立即下令："预备队上，速战速决！"

这时，一个 30 岁上下的男子冒着弹雨，从镇内跑出来，被人引到军指挥所。来人气喘吁吁地说："我是独山镇农协会员，镇子里原有敌人两个营，现在一个营出来增援，只剩下了一个营。趁西面和南面打得热闹，我愿意给红军带路，从另一条道打进镇子去！"

旷继勋听后，惊喜地握着这位勇敢的农协会员的手说："太谢谢你了！"于是他下令："调 29 团上来！"

第 29 团团长查子清、政委李奚石很快赶到指挥所。旷继勋说道："我命令你团，由这位同志带路，绕过敌正面阻击线，从三里岗直扑独山镇。一定要把镇子给我拿下来！"

第 29 团迅速向三里岗运动。这是一条人迹罕至的山谷。那位农协会员带着部队绕过了敌警戒阵地到达镇外，他停下来说："同志，镇子里的敌人都在镇北小学校里，团部在镇公所。"

查子清和李奚石简单地分了一下工：查子清带两个营去解决小学校里的敌主力，李奚石带一个营去解决敌团部。两支队伍一声呐喊，冲进镇子。镇内敌人总共只剩下两个连，不一会儿就死伤过半，活着的四散而逃。

第 29 团占领独山镇后，镇西和镇西南的南头山上，战斗仍然激烈。查子清对李奚石说：“咱们‘兜屁股’给他们一家伙吧！”

于是，查子清留下一个营守镇子，他和李奚石带着两个营从镇内突然出击，与第 31 团两面夹击，将镇西一个营的敌人消灭，然后两团合兵一处，从背后对南头山发起猛攻。经过激烈的战斗，南头山之敌全部被歼。

独山之战，以红军歼敌 2000 余人、缴枪 1800 余支胜利结束。

岳盛宣得知独山遭红军攻击的消息，深恐独山失守断了驻麻埠部队的退路，急令驻麻埠的一个旅出援。援兵出镇不久，便遭到许继慎部署在镇外的地方武装顽强阻击。敌旅长大怒，亲自上阵指挥冲锋。地方游击队且战且退，敌人不断追击，一直追至东西香火岭第 12 师阻击阵地前。

许继慎令部队依据有利地形，一边对追敌进行猛力阻击，同时组织兵力，向敌侧翼迂回包抄。

敌旅长突然发现两翼都有红军，他大吃一惊，连忙问道：“这是哪部红军？”

副官急忙回答：“弄不好是许继慎的部队！”

敌旅长吓得脸色都变了，他害怕被许继慎包了“饺子”，忙令部队后撤。岳盛宣此时才明白，他遇上的可能不是皖西地方红军，而是曾在双桥镇活捉岳维峻的红 4 军主力。他这一惊不小，麻埠也不回了，急令全师夺路东走，当夜全部渡过淠河，直奔霍山。诸佛庵之敌听到消息，也连夜逃之夭夭。皖西地区，再次被红军占领。

退回霍山县城的岳盛宣为推卸责任，向刘峙、何成浚、李鸣钟连续发电，声称他在独山、麻埠遇上了“赤匪主力”，请求上司急调大军来皖西“聚歼”。刘峙、何成浚、李鸣钟不敢不信，即令吉鸿昌的第 30 师、张印相的第 31 师自潢川、新集东下皖西，与第 46 师一道，对金家寨、麻埠的“赤匪主力”实施合围。为防红 4 军返回鄂豫边苏区，又令驻光山的李韫珩第 53 师、麻城的夏斗寅第 13 师“南北齐出”，在大别山西侧组成一道南北走向的封锁线。

5 月上旬，李韫珩第 53 师自光山以南的泼皮河出动，企图占领新集，然后南下与夏斗寅部完成对皖西红军主力的封锁。

敌军兵力的调动情况很快被红军掌握，曾中生再次决定避实就虚。他令红 4 军主力放弃皖西之敌，回师鄂豫边苏区，打击孤军南下的李韫珩第 53 师。

5 月 9 日，旷继勋留下许继慎的第 12 师钳制敌人，率主力 4 个团星夜西移，在新集以北的浒湾与曾中生、徐向前会合。同时参加在新集召开的鄂豫皖特委会议。

曾中生看望部队时说："同志们很辛苦，可是还不能让同志们休息，李韫珩的第 53 师已经从北面上来了！"

红 4 军官兵一身征尘未落，又投入了新的战斗。

此时，李韫珩第 53 师的 4 个团从泼皮河南下，已进至浒湾以北。徐向前带领第 28 团和第 30 团在浒湾地区构筑阵地，对敌人实施阻击。曾中生、旷继勋命令第 10 师、第 11 师各率两个团，从两翼向敌第 53 师发起大规模反击。战斗一打响，敌第 53 师兵败如山倒，4 个团的人马相互践踏，没命地向北逃去。

浒湾一战，红军共毙伤俘敌 1400 余名、缴枪 1000 余支。李韫珩败退泼皮河，惊魂未定，下令各部加固工事，日夜警戒，无论刘峙、何成浚、李鸣钟怎么督促，再也不出来与红军为敌。

这样，鄂豫边苏区北线的形势就稳定下来了。皖西方向，吉鸿昌第 30 师不愿与红军打仗；张印相第 31 师、岳盛宣第 46 师屡受红军打击，心有余悸，相互观望。许继慎率红 12 师忽南忽北，忽东忽西，四处出击，更加剧了敌人的畏惧。

皖西形势既稳，曾中生和旷继勋等研究决定，趁势收拾一直威胁着鄂豫边苏区南部的敌人。

5 月 28 日，旷继勋等带领红 4 军主力抵达鄂豫边苏区南缘，绕过敌肖之楚第 44 师重兵驻守的黄安城，由徐向前率两个团向城南 10 余里的桃花镇守敌一个营发起猛攻。旷继勋则率另外 4 个团在镇外待机。中午，黄安之敌 3 个营出城南下增援，进入旷继勋在十里铺地区布下的“口袋阵”，红军官兵只一阵冲杀，就将这批敌人全部歼灭。随后，桃花镇被红军攻克。黄安、麻城地区的守敌胆战心惊，只想固守，不敢来攻，南线之敌至此再次转入守势。

蒋介石对鄂豫皖苏区的第二次“围剿”又以失败告终。

被张国焘撤销军长之职

1931 年 3 月，中共中央政治局决定在鄂豫皖苏区成立中央分局。

5 月 12 日，鄂豫皖特委会议在新集召开，史称第一次“新集会议”。张国焘在会上宣布了中央决定：撤销鄂豫皖特委，成立鄂豫皖中央分局，直属中央政治局领导；中央分局委员由张国焘、陈昌浩、沈泽民、曾中生、王平章、蔡申熙、舒传贤、旷继勋等 11 名正式委员和 15 名候补委员组成，张国焘任书记；改组鄂豫皖特区军委，张国焘、曾中生、旷继勋、徐向前、郑行瑞、沈泽民、陈昌浩 7 人为委员，张国焘任主席，曾中生、旷继勋任副主席。另设军委皖西分会，姜镜堂任主席（后许继慎兼任主席）；改组红4军，旷继勋任军长，曾中生任政委，原政委余笃三改任第11师政委，军参谋长徐向前调任新组建的第13师师长，在双桥镇负伤致残的第10师师长蔡申熙任军委下属的彭杨军政干校校长。

当时，鄂豫皖苏区外有白区封锁、内无储备，粮荒严重。曾中生认为，解决粮食问题的主要途径还是要靠红军的战斗缴获。因此，第一次“新集会议”后，曾中生就向张国焘提出：蒋介石正在集中兵力“围剿”江西中央苏区，对鄂豫皖苏区暂取守势，红4军应利用这个机会，南下蕲春、黄梅、广济，恢复原红15军开辟的鄂东根据地，这样，既能解决自身的吃饭问题，又能打击和钳制敌人，配合中央红军反“围剿”。

然而，张国焘反对这种做法，作为新任鄂豫皖中央分局书记和军委主席，他想建立巩固自己的根据地。但是，在商南苏区，顾敬之的民团虽屡受红军打击，但仍顽固地坚守着一些山寨，裹挟群众逃离家园，反过来对红军实行坚壁清野。

张国焘虽然不懂军事，但懂得要把苏区内部的敌人搞干净。

如果苏区没有发生严重的粮荒，如果顾敬之民团是一般容易消灭的民团，张国焘作这样的选择也许说不上是什么错误。但曾中生比他更了解情况，知道“顾狗子”不那么好打。顾敬之是反共老手，坚守的全是新集式的石头堡寨，每打一座，红军都要付出巨大代价。最根本的问题是，即使打下了那些堡寨，也不会从根本上解决粮食问题。没有粮食，甚至比没有弹药还要影响红军的战斗力。既然如此，红军为什么就不能首先执行南下作战方案呢?

军委会议上，曾中生不止一次地说出自己的想法。他苦口婆心地说:“国焘同志，我的意见还是先南下解决粮食问题，再回过头来解决顾敬之！”旷继勋也在会上支持曾中生的提议，他说道:“打仗向来是人马未动，粮草先行。红军战士虽然坚强勇敢，但部队没粮，战士们饿肚子，战斗力就会大打折扣。”

“不行！”张国焘仍固执地予以否定。

6月初，红4军在连绵的淫雨中出发攻打顾敬之。顾敬之起而应战。他的堡寨散布在山中，地势险要，易守难攻。硬攻了几次，伤亡不小，却一座堡寨也没打下。夜间，“顾狗子”学着红军的做法频频出击，袭扰红军。曾中生手中无粮，眼看着要与“顾狗子”转入持久战。军内主要将领坚决要求回撤，“不打这种饿肚皮的仗”。

曾中生和旷继勋再次派人向张国焘要求，改变红4军的作战方向，“立即南下，解决吃饭问题”。张国焘把这种要求看作对其领导权威的公然挑战，勃然大怒。张国焘与曾中生、旷继勋等人之间原来还被掩饰着的矛盾，逐渐表面化。

旷继勋和曾中生也同样表现出了倔强性格。他们要对红4军负责，要为战士着想，不能让队伍继续饿着肚子去打这种短时间无望取胜的仗！

6月28日到30日，鄂豫皖中央分局在新集召开第一次扩大会议，史称第二次“新集会议”。张国焘、沈泽民、陈昌浩等人在这次会议上指责鄂豫皖特委在三中全会后“掩盖了立三路线的实质”，执行的是“富农路线”，犯了“严重的右倾机会主义错误”；指责特区各级苏维埃“包藏许多富农分子、地主豪绅”“一切建立（设）工作，无从谈起”；指责红 4 军“无所谓红军的领导”“遭受严重的失败”。会议决定对苏区党政军群领导机关进行全面的“布尔什维克的改造”。

尽管如此，曾中生、旷继勋等仍然在会议上当面向张国焘提出了红军南下作战的建议，并为此展开了激烈的争论，双方的情绪都很激动。曾中生、旷继勋等人反复说明情况后，中央分局的委员们竟然同意了他们的建议，张国焘不得不放弃原先的主张。

会后不久，全区 8 个中心县委的书记被换掉 7 个，徐朋人、舒传贤、陈定侯等苏区初创时期的功臣分别受到批判，徐朋人被开除党籍。中央分局还决定在原有的 11 名委员中，组成张国焘、沈泽民、陈昌浩、周纯全、高敬亭、王平章、郭述申 7 人的常委会，这实际上就是剥夺了曾中生、旷继勋、蔡申熙、舒传贤 4 名委员参与决策的权力。

7 月初，正当红 4 军按照第二次“新集会议”

决议厉兵秣马、准备南征之时，张国焘却突然发出通知，要召开鄂豫皖军委会议。会议在商南余家集召开，张国焘推翻第二次“新集会议”形成的决议，提出一个“惊人”的计划：南下英山，出潜（山）太（湖），进攻安庆，威逼南京！

此话一出，语惊四座，所有的红军将领都说不出话来。想以红 4 军这支弹少粮缺的孤军去冲破重重封锁，越过数百里白区去进攻安庆，岂不是痴人说梦？

张国焘却不管别人如何看待他的计划。他说：“大家讨论一下怎么执行这个计划！”

曾中生第一个站出来：“我坚决反对！”他面红耳赤，怒不可遏，他不明白第二次“新集会议”作出的决议，怎么能如此随便地就被这位张主席否定了，他又怎能如此儿戏般地决定红 4 军的作战计划。他继续说道：“国焘同志提出的计划是一个不切实际的冒险主义的计划！我仍然认为红 4 军应执行新集会议决议，南下蕲、黄、广，既可解决粮食问题，又可以扩大苏区，威逼长江，调动和钳制敌人，使其不无后顾之忧。我们这样做了，也就以实际行动有力地支援了中央苏区的反‘围剿’斗争！”他停顿了一下，目光严厉地盯着张国焘强调道，“我坚决认为，这也是鄂豫皖红军目前只能做到的事情！”

接着，旷继勋站来起气呼呼地说道：“我同意中生同志的看法！当前红 4 军最迫切的是要解决粮食和生存问题。如果按照国焘同志提出的不切实际的想法去执行，不但援助不了中央苏区，反而会将整个红 4 军葬送！”

“我附议！”红 4 军政治部主任刘士奇表态说。

这时，陈昌浩站出来支持张国焘：“国焘同志是代表中央的，他的计划是经过深思熟虑的，因此，它已经不是一个可以讨论的计划，而是一个应当研究如何执行的计划！”

沈泽民也情绪激动地站在张国焘一边：“这个计划并非国焘同志一时心血来潮，它是根据中央苏区要求各地红军援助的电报精神作出的。执行不执行这一计划，实际上是一个顾不顾全中国革命大局的问题。”

张国焘微眯着眼睛，不动声色。会场突然陷

入沉寂。

“好了，会就开到这。”张国焘站起来，“我是中央分局书记，又是军委主席，在这件事上，我个人对中央负责。”

会议散后便召开中央分局常委会议，张国焘又决定改组红4军的领导层：免去旷继勋红4军军长职务，由徐向前接替，旷继勋调任第13师师长。

余家集会议是红4军历史上的一个转折点。张国焘以中央代表的身份，采取突然袭击的方式，推翻了红4军原定的作战计划，改组了红4军领导。他是想通过撤换红4军军长这件事，起到敲山震虎、杀一儆百的作用，他要让所有红军将领包括曾中生、徐向前在内的人都明白：张国焘可以轻而易举地将任何人撤职，只有他才是这支红军、这块苏区的最高主宰。

06 在红四方面军的艰难岁月

出任红 25 军军长

旷继勋被张国焘免去红 4 军军长职务后，并未消沉，而是带领新组建不久的第 13 师到皖西一带，一边进行整顿和训练，一边积极发展和壮大红军队伍。他在短短的时间内，奇迹般地把队伍扩大了许多，而且战斗力也明显增强。此时，中共鄂豫皖中央分局和军事委员会决定新组建第 25 军。在考虑军长的人选时，鉴于能力和在红 4 军及第 13 师时的突出贡献，旷继勋顺理成章地成为军长的最佳人选。

1931年10月25日，红25军在金寨麻埠正式成立，旷继勋任军长、王平章任政委，下辖第73、第74、第75师，组建时只有军部和第73师。第73师以红4军第12师为基础改编。新组建的第73师，刘英任师长、吴焕先任政委，下辖第217、第218、第219团。

红25军组建后，旷继勋即率第73师由麻埠移驻霍邱叶集，整训部队、补充新兵，为迎接新的战斗任务做准备。

11月7日，中共中央决定，将红4军和红25军合编为红四方面军，徐向前任总指挥，陈昌浩任政治委员，刘士奇任政治部主任，总兵力达3万人。

1931年12月，国民党派重兵集结于豫东南商城和潢川地区。曾万钟的第12师进入潢川、北亚港一带，汤恩伯的第2师及唐云山的第33旅到达傅流店、豆腐店、江家集一线，陈耀汉的第58师位于商城、河凤桥地区，戴民权的第45师占据固始。他们互为犄角，企图构成一条隔离带，对鄂豫皖革命根据地实行东西分割，然后分别

“进剿”。

为打破敌人分割“进剿”根据地的企图，夺取商城，向北扩大根据地，使根据地东西两部在宽广范围上连成一片，红四方面军决定发起商（城）潢（川）战役。1 月 13 日，徐向前率红四方面军主力由黄安地区向北开进，旷继勋奉命率红 25 军第 73 师由皖西地区向西挺进，于 23 日到达商城以北的上石桥镇。此时，敌汤恩伯第 2 师北侧因遭红军攻击，已与敌第 12 师断绝联系，遂企图向商城敌第 58 师靠拢。但旷继勋率第 73 师和红 4 军第 12 师等部，已对汤恩伯第 2 师形成包围态势，汤恩伯见势不妙，仓皇逃往了潢川。26 日，驻守在河凤桥的陈耀汉第 58 师一部，又在旷继勋率领的第 73 师进逼之下，全都逃往了商城。至此，红军控制了商（城）潢（川）间全部公路，并切断了商城与固始间的联系，敌第 58 师在商城陷于孤立无援之中。

徐向前立即决定采取围城打援战术，令旷继勋率第 73 师围困商城，大造强攻声势，诱潢川之敌出援。

商城被围后，陈耀汉惊惶失措，立即向潢川求援。第二天，密集于潢川的敌3个师又1个旅共19个团，分左右两路大举赴援商城。红四方面军令红4军第12师在豆腐店一带正面阻击，调旷继勋率领的围城之第73师置于敌第12师右侧，红4军第10、第11师置于左侧，分别从两翼伺机包抄。在旷继勋的指挥下，第73师由东面向右路之敌发起猛烈攻击，歼敌一个团。继遇敌顽抗，形成对峙。激战至下午，第10、第11师从左翼包围了敌军指挥部，并抢占了傅流店渡口。右路之敌见后路被切断，顿时混乱，纷纷后退；左路之敌亦开始动摇。红军乘势全线展开猛攻，敌军向北溃逃。

次日，红军继续乘胜追击，直逼潢川近郊。敌援兵溃败后，商城守敌第58师亦弃城逃往麻城。商城不战而克。

商潢战役历时20余天，共歼敌约5000人，解放了商潢公路沿线广大地区，使鄂豫皖革命根据地连成一片。这是旷继勋率红25军第73师直接参加的第一个战役。在上级的统一指挥下，他

们同友邻部队协同作战，独自歼灭汤恩伯第 2 师一个多团，使部队受到了锻炼和考验。战役结束后，旷继勋即按红四方面军总部指令率红 25 军返回皖西北地区。

冲锋苏家埠战场

驻守在皖西的红 25 军刚刚离开驻地西去参加商潢战役，国民党安徽省主席陈调元就接到报告。他觉得旷继勋部已经西去，有机可乘，便急令岳盛宣的第 46 师全部、第 55 师第 163 旅等部共 12 个团占领六安、霍山及淠河东岸的苏家埠、青山店、马家庵、韩摆渡等地，准备以此为依托，西渡淠河，大举向鄂豫皖根据地进攻。

2 月初，商潢战役结束后，徐向前总指挥刚要移兵东北，准备围歼固始之敌，便接到皖西方面告急的信。徐向前只好令旷继勋率红 25 军急返皖西阻敌，待红四方面军主力打下固始后，再集中主力消灭岳盛宣。

旷继勋率红25军星夜东返，直抵淠河西岸，与岳盛宣形成隔河对峙。

徐向前率红四方面军主力，打响了固始的战斗后，敌25师师长戴民权据城死守，红军多次进攻未果。

这时，旷继勋又从皖西送来了告急信。徐向前看信后说："看来固始短时间难以攻克，皖西正危在旦夕，我提议放弃固始，全军主力立即前往皖西迎敌！"

3月18日，徐向前留下红4军第12师在商潢地区监视敌人，即率红10、红11师越过豫皖边界，进至淠河西岸的独山镇，与旷继勋的红25军及霍山独立团会合。

当晚，徐向前召开红四方面军前委会议，听完旷继勋介绍的敌情后，徐向前沉思了一会儿，满怀信心地说："不要怕它！敌人虽有4个多师，但一线和二线兵力距离太远，二线部队很难迅速投入战斗。我军应集中力量先消灭一线敌人，然后转入对二线敌人的战斗。敌人将7个团一字形摆在淠河一线，我军正好围点打援！”

徐向前下达完作战任务后，各部立即动员和准备。

3月21日深夜，一座浮桥无声无息地在青山店以西架设完毕。红10、红11、红73师及六安、霍山两个独立团神不知鬼不觉地过了淠河，向东岸敌人各据点作战役展开。旷继勋率红73师和霍山独立团就近突然包围了青山店；徐向前率红四方面军总部、红10师和红11师绕过青山店，也包围了苏家埠，准备接着向韩摆渡、马家庵进攻。

驻守在韩摆渡的敌第46师274团、马家庵的敌警备2旅一个团，得知青山店、苏家埠被大批红军包围后，没等红军赶到，便仓皇躲进了六安城，红11师兵不血刃占领了韩摆渡和马家庵。这两个团的敌人虽然躲在了六安城内，但仍然是惊恐万状，第二天一大早，又被逼向南攻击前进。此时，他们对苏家埠地区到底有多少红军心中无数，十分担心钻进了红军的包围圈。于是，他们走了一段，干脆掉头向西，去攻击前一天丢弃的韩摆渡。

红 11 师师长王树声得知这一新的敌情，急报徐向前，请示说：“总指挥，打还是不打？”

徐向前沉吟片刻，指示说：“部队迅速撤出韩摆渡，让敌人进去再围住他们，多围一个点就在敌人脖子上多套一根绞索！”

红 11 师迅速撤出韩摆渡，并在敌人必经之路两侧设下埋伏。中午，两团敌人进入红军伏击圈。王树声一声令下，红军官兵一起开火，随后发起冲锋。敌人听见枪声，也不抵抗，各自夺路而逃。原驻马家庵的警备 2 旅一个团逃进韩摆渡，王树声和师政委甘济时随即分兵将韩摆渡包围起来。原驻守韩摆渡的敌第 46 师 274 团逃向苏家埠，被红 29 团截住消灭了一个营，残部被苏家埠之敌接应进了寨门。

被围困的苏家埠、青山店，几天后就断粮了，他们向国民党安徽省主席陈调元发出求救信。陈调元多次下令岳盛宣出兵支援。

3 月 31 日，岳盛宣不得不下令六安、霍山两城驻军一起出动去解苏家埠、韩摆渡、青山店之围。

驻霍山两团的敌人出援青山店，被旷继勋率领的红 25 军打得狼狈而逃，又退回了霍山城。被困青山店的敌人，趁红军与援敌激战时，偷偷打开西门冒死突围，一半被歼，一半渡过淠河，逃向苏家埠，突然出现在红军围城部队背后。幸亏红军反应迅速，回头反击，将其大部消灭。

当晚，旷继勋率红 25 军占领了青山店。这样一来，岳盛宣感到无计可施，每日只能不断地向陈调元发电告急。此时，陈调元能指挥的部队也不多，又只好向南京求援。蒋介石遂任命驻安徽蚌埠的第 7 师代师长厉式鼎为皖西“剿共”总指挥，集中第 7 师 5 个团、潢川第 12 师 2 个团、合肥李松山第 57 师 2 个团、潜山阮肇昌第 55 师 4 个团及霍山警备 1 旅 2 个团，共 15 个团两万余人，兵分南北两路来救苏家埠、韩摆渡之围。

敌情空前严峻，红四方面军总部举行紧急会议，研究应敌之策。在总指挥徐向前的指挥下，当晚，各打援部队全部进入陡拔河以西预设阵地。

5 月 1 日上午，旷继勋派出一个团前去诱敌，他们在陡拔河以东与敌前锋第 7 师 19 旅交上了火，阻击一阵之后，装出不敌的样子边战边退，慌忙乘船退到陡拔河以西。敌人不知是计，紧紧跟随，利用各种器材陆续过河，前锋向西逼近红 25 军主力阻击阵地。

第二天凌晨，突然下起倾盆大雨，陡拔河河水猛涨，将还未过河的敌 19 旅一部隔在河东，已过河的敌 19 旅先头部队虽孤军深入，却毫不介意，竟单独向红 25 军阵地发起攻击。

旷继勋站在泥水没膝的堑壕里，沉着冷静地对战士们说："同志们，沉住气，等敌人靠近再打，要节省子弹，一枪消灭一个敌人！"

当冲在前面的敌人离前沿阵地只有 50 多米的时候，旷继勋一声令下："打！"所有的火器一起开火，阵地前留下一大片敌军尸体。跟在后面的敌人见状，掉头就往回跑，旷继勋率领战士冲出战壕，边追边打，一直杀到陡拔河边。

河东的第 7 师代师长厉式鼎正在督促还未过河的部队冒雨渡河，突然听到河西的激烈枪声，不知道发生了什么情况。由于渡河船只少，加上大雨不停，敌人前后人马相撞，乱成一团。

当厉式鼎得知过河的部队遭红军阻击，且伤亡大半时，他站在河东岸，望着河西战况，气得脸色发青，连声命令炮兵隔河向红军阵地轰击。

旷继勋立即率部撤回阵地加强工事，准备再战。

红军的退却让厉式鼎十分高兴，他以为红军已经大败，下令炮兵进行延伸射击，掩护后续部队全部渡过陡拔河，并抢占老牛口、婆山岭两座高地，作为继续进攻的支撑点。

下午 4 时左右，红 10 师两个团从六安城南沿陡拔河西岸迅速插向敌人右翼，红 11 师两个团由战场西北的戚家桥、庙岗头沿陡拔河西岸迅速插入敌人左侧。两路红军如同两支巨钳一举完成了对河西敌军的合围。

这时，厉式鼎发现自己被红军三面包围。他仓促调整部署，急忙迎战。

最后决战的时候到了，徐向前大喊：“号兵，吹总攻击号！”

总攻的号声响起来，三路红军加上前来参战的六安独立团和当地赤卫军杀向敌群，吼声如雷，惊天动地，将敌军分割成一个个小集团。

旷继勋率红 25 军一马当先，冲进敌人纵深，一直打到厉式鼎的临时指挥所，枪口直逼厉式鼎的前胸。

此战，皖西“剿共”总指挥厉式鼎被擒，越过陡拔河的敌军全部被歼，其余之敌皆作鸟兽散。被围困在苏家埠、韩摆渡之敌也举起了白旗。

5 月 8 日，红四方面军在苏家埠新安会馆前广场上举行受降仪式，一队队白军士兵扛着 10 支一捆的枪支进入广场，他们按照红军要求，将枪械分类摆在广场上。这时，苏区百姓敲锣打鼓，抬着猪肉，挑着鸡蛋，担着挂面、红糖、大枣来慰劳红军将士。广场上车水马龙，人山人海，热闹非凡。

中华苏维埃临时中央政府也发来贺电。苏家埠战役的胜利，是鄂豫皖红军的空前大捷，也是中国工农红军战史上牺牲最少、歼敌最多的一个经典战例。

血战霍邱县城

红四方面军四大进攻战役的胜利，震惊了刚刚在上海与日本签订《淞沪停战协定》的蒋介石。1932 年 6 月初，蒋介石亲任鄂豫皖“剿匪”总司令，决定改变其在全国“剿共”的总战略，首先集中主力“剿灭”已成心腹大患的鄂豫皖三省红军，然后再全力进攻中央苏区。

而鄂豫皖苏区的主要领导者张国焘，此时却被盲目的乐观情绪控制着。在鄂豫皖省委成立大会上，张国焘公然宣布:“国民党主力只剩下 7 个师，其余都是杂色部队。红军现有这样的力量，已经不论多少敌人都不怕了。”沈泽民则在大会的决议案中提出，由于南京政府“迁都”洛阳，国民党军队已成了“偏师”，以后红军要准备与“日本帝国主义直接冲突”。

苏家埠大捷后，张国焘不顾红四方面军已连

续作战近 8 个月、急须休整的现状，坚持要求徐向前带部队执行“中央训令”，过平汉路，配合红 3 军消灭国民党“围剿”左路军徐源泉、肖之楚等部主力。

张国焘等人错误的战略指导，使徐向前提出的休整部队、准备反敌第四次“围剿”的建议被否定。徐向前不得已率疲惫之师向平汉路出击。

红 73 师的两个主力团由师长王树声带领随红四方面军主力一起西移后，旷继勋奉命率领红 25 军新组建的红 74 师、红 75 师和红 73 师的一个团，留在皖西担负“保卫皖西”的任务。当时，红 74 师、红 75 师分别部署于皖西苏区的中部和南部，旷继勋手中实际掌握的只有红 73 师的一个团。

旷继勋率红 25 军 73 师的一个团北上，乘虚袭占了淮南险隘正阳关，紧接着又占领了皖西重镇霍邱，一下子将根据地向北扩展了百余里。蒋介石得知皖西还有旷继勋的红 25 军在活动，急调年初从武汉开往安徽的徐庭瑶第 4 师部署在蚌埠一线。徐部是蒋系王牌师，全部德式装备，战斗力也很强。7 月初，徐庭瑶第 4 师独立旅旅长关麟征旅进攻正阳关。旷继勋率部分兵力在正阳关前与敌酣战一日后，向西南撤回到霍邱城内。7 月 7 日，徐庭瑶接到蒋介石全面进攻的命令，全师 4 个旅 12 个团，同时从东、北两个方向分道击破当地赤卫军的层层阻击后，大举进入苏区。此时，关麟征独立旅已通过正阳关，在其他各部之前进抵霍邱城下。

霍邱县城三面环水，只有南门外一条路可以进出，这是一个易守难攻的城镇。旷继勋决定在此坚守，一则挫败敌第 4 师锐气，给其他敌人一个震慑，使其不敢贸然进攻，二则为红四方面军主力回师赢得时间。

7 月 7 日中午，抵达霍邱城下的关麟征旅向守城的旷继勋部发起第一次进攻。旷继勋站在南门城楼下，让电报员向鄂豫皖中央分局和军委发电，报告他和守城部队将“以城攻城”，堵住敌人。随后，便壮怀激烈地投入到霍邱防御战之中。

张国焘接到电报已是这天的午后。他看了报文，气得满脸青紫。当初他留下旷继勋在皖西，是要他率两个师加一个团保卫整个皖西苏区，现在旷继勋竟置整个皖西于不顾，死守一座孤城，与敌硬拼起来!

张国焘从心底里不信任旷继勋，他认为照这样打下去，皖西必然动摇，皖西动摇则必使大别山西侧的红四方面军主力受到来自背后的严重威胁。皖西方向必须换人，张国焘下定了决心。他让正在前线指挥作战的徐向前、陈昌浩提出一个能够代替旷继勋的人选。徐向前和陈昌浩知道他的主意已定，提议由原红 15 军军长、现任彭杨军政干校校长的蔡申熙接替旷继勋。张国焘表示同意。次日，蔡申熙奉命由新集出发，翻山越岭，急奔皖西。

此时的霍邱城下，国共两军厮杀正酣。旷继勋一点也不知道自己已被撤职。关麟征素以能征善战著称，但在霍邱城下，他却尝到了旷继勋的厉害。第一天，关麟征的先头团连续发起攻击，遭到据城坚守红军官兵的猛烈反击，伤亡惨重，只好收兵。当夜，旷继勋动员城中青壮年加固城防，在城头上堆放大量滚木礌石，县衙前的石狮子都被搬上来对付国民党军。第二天，关麟征视察了霍邱城四周的地形，发现要打下这座县城，只有从南门进攻这一条路。他对昨天的失利耿耿于怀，用新到的一个团取代严重受挫的先头团，再次发起攻击。进攻之前，他命令架起迫击炮向城门轰击，然后以营为单位集团式冲锋。一发发炮弹在坚硬的石头城墙上炸开，有的还打到城门洞里，炸起滚滚浓烟，但下定决心死守的旷继勋早将城门洞从里堵死，这些炮弹除了在城楼上造成一些伤亡外，并没发挥多大作用。炮火未熄，冲锋已经开始。敌军官兵一路跃进到城墙外，搭起云梯，奋勇爬城。只听城上一声枪响，滚木和石头打了下来，敌军士兵非死即伤，不得不向后撤退。旷继勋命令将早已准备好的软梯放下，亲率守城官兵出城，向溃退的敌军发起反冲击，一直追杀出一里多远，才得胜回城。

关麟征两战两败，恼羞成怒，令后续部队将迫击炮全部架起对着城墙拼命轰击，不惜弹药、一定要在城墙上打出一个豁口来。他集中全旅10余门大炮一起开火，霍邱南门城墙上下，连同南门内居民区狼烟四起、火光冲天。这一番炮击后，城墙上真的被轰塌了一个豁口。关麟征下令攻击，但是，连遭两次失败之后，官兵士气大挫，在红军的火力阻击下，又一次狼狈逃回，当日仍不得不草草收兵。

第三天，关麟征向霍邱城南门投入了他的最后一个团，并亲自督战。在炮火掩护下，部队发起冲锋。无奈因冲击道路过于狭窄，部队无法同时展开。旷继勋在城墙上架着一挺机枪，不停地向冲击的敌军扫射，使进攻的部队始终难以接近城门。当天下午，这个团已伤亡近百人，无法重新组织攻击，只好收兵。

第四天，怒气冲天的关麟征组织全旅进行了最后一次拼死攻击。为大量消耗红军实力，他令炮兵再次对霍邱城南门城墙和城内目标实施毁灭性轰击。这场炮击持续了两个多小时，霍邱城内一片火海，南门城墙数处坍塌。关麟征组织 3 个团的敢死队轮番冲击。战斗打到天黑，部分敌人冲过城墙豁口，杀进城内，但立即又被旷继勋率领红军官兵奋勇杀了出来。插在霍邱城头的红旗虽百孔千疮，仍屹立不倒，而号称“劲旅”的关麟征旅，已基本瘫痪。

此时的旷继勋多么盼望能够有一支生力军从大别山那一侧杀来，那样，关麟征旅便会全军覆灭。

守城红军连日苦战后伤亡惨重，能够带伤参战的已不足百人。即便如此，这支部队仍然保持着旺盛的斗志，坚信敌人无法破城，坚信红军主力会在城破之前赶来，与之里应外合，将攻城之敌消灭在城下，再打一个苏家埠那样的胜仗。天刚蒙蒙亮，满身血污的旷继勋又一次巡视城防，鼓励大家加强戒备，堵塞豁口，准备再战。与战士们不同的是，身经百战的旷继勋已经明白援军不会来了，他已做好了与霍邱城共存亡的准备。

第五天上午，守城红军没盼到援兵，由东而来赶至霍邱城下的是徐庭瑶的师部和杜聿明的24团。在城南一里外的关旅指挥所里，徐庭瑶正在大发脾气。关麟征一个旅攻击一座县城，竟连日不克，且伤亡过半。徐庭瑶骂是骂了，但巡视关旅，发觉他们确实不能再战。徐庭瑶将杜聿明叫到跟前，令他率24团接替关旅向霍邱城发起攻

击。徐庭瑶跟杜聿明说：“你一定要攻进城内！一定要拿下霍邱！”杜聿明没有说什么，只是点了一下头，目光随后转向废墟似的霍邱城。

杜聿明是黄埔一期学生，虽然只是一名团长，却因治军严谨，有指挥才能，深受蒋系要员张治中、徐庭瑶器重。接受命令时，他并不知道霍邱之战是他在“中央军”内飞黄腾达的起点。他思索关麟征多日苦战失利的原因，红军战斗力强，城坚守固，进攻之路狭窄等，但即使有这些困难，是否也有机会破城呢？红军也有自己的弱点，比如没有援兵，苦战多日后兵员弹药已大量消耗，等等。另外，目前城墙到处是豁口，坚固程度早已不如当初。杜聿明就此得出结论：红军的抵抗很可能已近尾声，要不停顿地攻击、连续地攻击，不能让旷继勋有喘息之机。

头脑冷静的杜聿明率部向旷继勋展开了新的攻击。还是炮轰，还是炮火掩护下的冲锋，但与关麟征不同，他已不求速胜而是异常耐心地用一小股一小股部队与守城红军拼实力、拼弹药、拼体力、拼精力。他看得清楚，红军兵力已经不多了，消耗一个，红军的战斗力就减弱一分。他的消耗战术显然奏了效，战至天黑，守城的红军战士只剩下 20 余人，杜聿明没有像关麟征那样一到天黑就收兵，相反加大了兵力投入。天黑对于攻击者总是有利的，而红军的阻击火力则越来越弱。此时，杜聿明下令总攻，全团化为数路，一举登上城墙，向城内发起突击，和剩余的红军战士展开巷战。

旷继勋此时已多处负伤，仍率领最后几名战士与敌力战。这位性情刚烈的红军将领只想战死，并不想活着弃城而走。然而霍邱城已被国民党军占领，再战也挽不回败局。最后几名战士拼死保卫着自己的军长，乘着夜色逃出城外。皖西苏区的北大门霍邱城，就此沦入敌手。蔡申熙进入皖西时，霍邱城已经失守。在皖西苏区首府金家寨，蔡申熙宣布了中央分局和军委的命令，浑身伤痕累累的旷继勋离职，蔡申熙着手领导红 25 军。他将红 74 师、红 75 师及皖西地方武装收缩到淠河以西，据险构成阻击线。不过，霍邱之战给了敌人足够的教训，他们再也不敢长驱直入，“围剿”

苏区的国民党军在淠河东岸踌躇起来。鄂豫皖苏区的东面战线也暂时稳定了下来。

霍邱城兵败之后，张国焘提出要严惩旷继勋。他说旷继勋一向与中央分局离心离德，应该绳之以军法。

红 25 军继任军长蔡申熙说：“霍邱失守是策略上的错误，不应怀疑旷继勋同志的革命立场，也不要忘记他过去所立下的赫赫战功。”

在徐向前等人的大力支持下，鄂豫皖军事委员会只是对旷继勋作出撤职处分，驳回了张国焘严惩的建议。

1932 年 9 月，红 12 师师长陈赓在战斗中负伤后，旷继勋被任命为红 12 师师长。

向张国焘“提意见”

1932 年 10 月，红四方面军被迫离开鄂豫皖苏区，踏上漫漫的西征之路。12 月 7 日，极度疲惫的红四方面军在秦岭南麓、城固以北 40 公里的小河口停了下来，准备稍加休整。此时，红四方面军虽然第二次翻越了秦岭，甩掉了蒋介石的“追剿”大军，赢得了喘息之机，但全军在战略上的不利地位并没有改变。向南出山就是汉中盆地，按张国焘的设想，下一步，部队应在这里开辟新的根据地。

离开鄂豫皖以来，红军一直被敌人追着打，情报工作很差，处处被动。部队安顿下来后，徐向前不敢休息。他向张国焘说：“我军要取汉中，先得把出山的路搞清楚！我带两个团到前面看看，抓几个‘舌头’摸摸敌情。”张国焘同意了。

徐向前带上王树声带领的红 73 师两个团出发了，一路顺利。南下汉中的道路打开后，徐向前非常高兴，派人急报张国焘和陈昌浩，让他们率领全军立即南下。

此时的徐向前并不知道，在他离开之后，停留在小河口的红四方面军领导层内部刚刚经历了一场危机。

这场危机的起因是中央 11 月 7 日发出的一封电报。它是中央对鄂豫皖中央分局 10 月 30 日发出的电报的正式回复。在 10 月 30 日的电报里，张国焘第一次曲折地向中央承认了第四次反“围剿”的失败和红四方面军退出鄂豫皖苏区的真相。中央此前一直不知道红四方面军的处境和位置，接到报告后如梦初醒，发来一封长长的电报，对鄂豫皖苏区反“围剿”的失败和红四方面军的西出明确无误地提出了批评。由于红四方面军在此期间一直辗转作战，一直到 12 月 1 日，总部电台才收到这封电文。

这封电文对红四方面军的指责与重新给予它的任务虽有不切实际之处，却第一次在红四方面军中动摇和削弱了张国焘的权力基础，鼓舞了部队内部一直存在的张国焘反对派的勇气。

红四方面军仓促撤出鄂豫皖时，曾中生、旷继勋、余笃三等苏区初创时期的领导人就对张国焘的这一决策深感不满。他们认为，红四方面军之所以没能粉碎蒋介石的第四次“围剿”，根本原因在于张国焘一开始就在战略指导上犯了严重错误。他不顾敌强我弱的现实，一味让红军与敌人硬拼，先是“保卫黄安”，后是“保卫七里坪”“保卫新集”，使红军处处被动；冯寿二、七里坪、扶山寨三战不利之后退到皖西，张国焘本应接受徐向前等人跳到外线运动歼敌的主张，恢复红军的主动地位，他却令人百思不得其解地将全军带回黄麻苏区，使红军再陷重围。在后来的黄柴畈会议上，红四方面军既然要撤出苏区，就应该对西出之后的战略方向作一番研究，张国焘不仅没这样做，甚至也没有就全军西撤的理由对全体高级干部作出解释。一个多月来，红军艰苦备尝、牺牲惨重，却似乎只是在敌人的追击下漫无目地逃跑，致使全军由撤出鄂豫皖时的 2 万余人，减员到 1.5 万人。如果再这样下去，由无数先烈英勇冲杀创建的红四方面军就有可能在敌人“追剿”下完全溃败。

行军作战时大家无暇讨论此事，现在部队停了下来，张国焘的行为又受到了中央的斥责，这些把红军和革命看得比生命还宝贵的人，就先在下面开起了小会。

工人出身的红4军前政委余笃三，义愤填膺地开口说道："不能眼看着张国焘把部队弄垮，我要到中央去报告！"

旷继勋非常支持余笃三的意见，说："是该去告他一状，他到鄂豫皖来，乱杀人、瞎指挥，把根据地弄丢了，现在又要把鄂豫皖红军弄垮。再不能这样下去了！"

"中央离咱们那么远，怎么去呢？再说到了那里，中央要是不相信咱们的报告怎么办？"有人对余笃三的想法提出了异议。

"中央能来人就好了，我们可以按组织程序把自己的意见说出来！"

曾中生听完大家的意见后，说道："同志们，我们都是共产党员，红四方面军目前处境艰难，我们当然有责任向中央报告，但现在等中央来人再报告是不行的，到中央去报告，又远水难解近渴。我建议，我们出于公心，将自己的意见写成一封信，让一个张国焘信任的人正式交给他，要求他召开会议，就中央给红四方面军的电报和红四方面军下一步的战略计划作一次认真讨论。我个人认为，就让红四方面军尽快摆脱困境而言，这样做可能比其他办法更直接、更有效！”

曾中生一番出于公心的话，说服了众人。

于是，曾中生亲自执笔给张国焘写信。他当然知道这件事很可能会导致另一结果：张国焘绝对不是一个能听进批评意见的人，且心狠手辣，自己很可能因此遭受更大的打击，甚至牺牲生命。在红四方面军何去何从、生死存亡的险要关头，曾中生又一次表现出了他的无私无畏和赤胆忠心。

曾中生很快写完了这封信，交给同志们看后，大家都认为说出了大家心里话。但如何交给张国焘呢？他太了解张国焘的为人，为避免一开始就把事情闹僵，曾中生找来红四方面军政治部主任张琴秋商量。张琴秋是红四方面军政委陈昌浩在莫斯科中山大学的同学，关系尚好。他想让张琴秋先把意见书送给陈昌浩看一看，先取得陈昌浩的支持，那时张国焘就孤立了，再做他的工作也就容易了。

张琴秋飞快地看了一遍信，说道：“写得太好了，我去送给陈昌浩看！”

陈昌浩却没有像曾中生希望的那样站到他们这边来。他比曾中生等人更了解张国焘，他知道用这样一种方式向张国焘提意见，等于公开给这位张主席难堪。张国焘那样刚愎自用的人，是不可能接受这些意见的。

但曾中生信中提出的问题至关重要，陈昌浩决定还是将这封信按组织程序交给张国焘。

一天，陈昌浩走进张国焘栖身的小庙里，将这封信连同其他文件一齐交给张国焘。张国焘看着信，脸色开始渐变，眼看就要勃然大怒的样子，但他忍住了，一直把信看完，站起身来在屋里转了两圈，忽然开颜一笑，说道："信写得不错！"过了一会儿，又说道："明天就开个师以上干部会，让大家把想法都说出来！"

张琴秋将张国焘的话转告曾中生。曾中生虽然也感到惊讶，但还是为事情进展比想象中的顺利而高兴。他开心地说道："这样好，大家都是同志，张国焘若真能接受大家的意见，红四方面军仍然大有希望！"

第二天上午，会议如期召开。除了徐向前和

王树声在前面探路未归外，红四方面军师以上干部全部参加。

张国焘坐在会场中央，开场白说得落落大方。

“中生同志代表自己和其他几位同志，给我写了一封信，提出了一些很好的建议，现在我把它念一念给大家听。”说着，他把曾中生的信念了一遍，“下面，请大家畅所欲言！”

张国焘突然表现出的“民主作风”让不少人生疑，但出于对红四方面军前途的关心，曾中生、旷继勋、余笃三等人还是相当积极地表达了自己的意见，激烈地批评了分局领导第四次反“围剿”以来包括西出后在战略指挥上的错误。会议几乎发展成了对张国焘的批判会。

从头到尾，张国焘一直眯缝着眼睛坐在人群中间，表情时而认真时而又若无其事。不时地说一句：“×× 同志讲得很好，分局是有错误。还有哪位同志要发言？”

会议一直开到晚上，张国焘如此“诚恳”，许多本来不想发言的人也发了言。

最后，张国焘又“热情”地说：“大家都讲

了，最后再请中生同志讲讲。中生同志是鄂豫皖苏区的创始人，水平高，经验丰富。有什么好建议，请说出来！”

张国焘的“热情”打消了曾中生心中最后的一点顾虑。他本是个襟怀坦荡、待人宽厚的人，张国焘已“虚心接受”了大家的意见，他就应当带头维护红四方面军领导层的威信与团结。毕竟，他们今天餐风饮露，牺牲流血，都是为了工农解放这一崇高目标。

曾中生站起来，代表大家对张国焘接受众人意见表示感谢，然后又提出了两条建议：“第一，恢复军委会，重大问题集体讨论决定，避免在战略指导上再发生大的失误；第二，提议全军加强团结。我说的团结，当然是以中央分局为中心的团结。只有坚强地团结在一起，我们这支队伍才有力量，才能无坚不摧，无往而不胜！”

张国焘带头鼓掌，说道：“中生同志讲得很好。我代表分局主要领导诚恳地接受同志们的批评。大家提出的建议，分局要马上研究，作出决定，给同志们一个满意的答复。”

当晚鄂豫皖中央分局接着召开扩大会议，决定接受曾中生恢复军委会的提议。鉴于红四方面军下一步要在鄂陕边界建立根据地，张国焘提议将这个新恢复的军委会命名为“西北革命军事委员会”，报请中央批准。军委会主席仍是张国焘，副主席由陈昌浩、徐向前担任，曾中生出任参谋长，集体决定重大问题。

会议的第二个决议是执行中央 11 月 7 日指示精神，红四方面军出秦岭、南下汉中建立新的根据地。此时，连陈昌浩也不得不暗自承认，张国焘还是“有能力”的，竟将部队内部一场以他为攻击目标的“动乱”，变成了消除中央和全军不满、确定大政方针、加强内部团结、维护自己威信的会议。红四方面军非但没有因这个会加深分裂，反而将张国焘反对派的领袖曾中生重新招进了最高决策层，从而弥合了原本存在的裂缝。张国焘的权威似乎被削弱了，其实依然强大。

没有人能猜透张国焘内心的真实想法：在中央 11 月 7 日电报明确批评之后，他已经意识到自己在这支红军中的权力基础发生了动摇。曾中生等人敢于在这时“揭竿而起”，正说明自己地位的不稳固。如果他不“以退为进”，红四方面军内对他的激烈反对情绪就可能强化，甚至可能造成自己的垮台。过去有中央的支持，他可以在鄂豫皖苏区为所欲为；现在中央的支持动摇，他只有设法巩固自己在红四方面军的领袖地位，才能继续得到中央的承认和支持。会议开始时，他还没有把握说自己在红四方面军中的领袖地位会得到巩固，而在会议结束时，他的目的已然达到。

如果张国焘是一个心胸广阔的革命家，小河口会议后，他将和曾中生、旷继勋、余笃三等以前的“反对派”实现和解，红四方面军的团结将越来越巩固，而他作为这支红军的最高领导人，也会在全军赢得更广泛且深厚的尊敬，从而在中国革命史上为自己留下光彩的一笔。

12 月 11 日，小河口会议后重新实现了内部“团结”的红四方面军通过徐向前带领的红 73 师打开的两个山口，走出秦岭，向南进入汉中盆地的城固地区。

随红四方面军南下川北

新成立的西北革命军事委员会已高速运转起来。张国焘也放手让曾中生开展工作。在西北军委会的第一次会议上，张国焘突然指着一张刚刚搞到的关中地区地图说道："能不能在这里搞根据地？大家发表一下意见。"

曾中生、徐向前、陈昌浩看着地图，眉头皱起来。

徐向前说："城固原来距汉中这么近，只有数十公里吧，我军要在这里搞根据地，敌人必派重兵来与我争夺汉中。这种太靠近敌人中心城市的地方，对我建立新根据地不利。"

曾中生思考了一会儿，说："城固北面是秦岭，人烟稀少，物产匮乏，南面是汉水，南北相距只有几十里，我军回旋余地不大。我建议：我军南渡汉水，进入大巴山北麓，在汉水以南的西乡、镇巴地区看看，有没有搞根据地的条件。如有，就在那里扎下根来，如没有，也可以翻越大巴山，南下川北，活动余地比这里大得多！”

张国焘听他这么一分析，连忙说：“还是中生同志看得远，我们就渡汉水南下！”

全军稍作休息，再次踏上征途。出发前，张国焘、曾中生见到了中共汉中地下党派来的同志。原来中央已批准陕西省委下属各级组织与红四方面军发生横向关系。这也是红四方面军离开鄂豫皖后，第一次与地方党组织取得联系，红四方面军领导层立即变得耳聪目明。

张国焘很高兴，将一批多余的武器送给当地党组织，要他们成立游击队，配合红军作战。

当夜，徐向前率全军到达城固以西的沙河营渡口，准备渡过汉江。没有船，后面的敌人追兵已近，不能再踌躇、徘徊了，徐向前第一个脱下衣服，跳进了冰冷刺骨的江水中。

总指挥在前面作了榜样，旷继勋等全体官兵纷纷脱衣服下水，咬紧牙关，徒涉过江。

过了汉江，徐向前骑在马上，看着一支支涉

水登岸的队伍，无限感慨。他让人大致清点了一下人数，经过 50 余天的艰难远征，全军仍然有 1.5 万人。

“同志们，前进！任何敌人也无法消灭我们！”他激情满怀地向着这支英勇的红军队伍高声喊道。

两天后，红四方面军总部进抵西乡以南的钟家沟。这里已是大巴山的北麓，山大沟深，林密雪厚。红四方面军这一跳，彻底甩掉了敌人的追兵。

到达钟家沟的当天，地下党的同志就到了，与张国焘、陈昌浩、徐向前、曾中生紧紧握手。

“请您介绍一下情况，我们想在这里建立新根据地，行不行？”曾中生急切地问。

地下党的同志介绍的情况却不好。当地连年灾荒，土匪横行，粮食极缺，群众又少，大部队很难生存。

张国焘的脸色顿时阴暗下来。而曾中生没有灰心，他打听到钟家沟有一家小邮局。连忙问道：“那里有报纸吗？赶快派人去，把那里的报纸都弄过来！”

一大捆报纸很快被抱回来了。已经很久不知道天下大事的红四方面军领袖们高兴起来。曾中生、旷继勋等人在这些近期出版的报纸中发现了一条令人振奋的消息：四川军阀刘湘、刘文辉、邓锡侯、田颂尧正在成都一带混战，争夺地盘，打得难分难解。

曾中生的目光一下子亮起来，他高兴地说道："川北是田颂尧的地盘，田颂尧全力出援刘湘，川北必然空虚。那里地广人稠，山川险峻，肯定适合大部队发展！"

张国焘听曾中生这么一说，也高兴起来，说道："赶快开会，打到川北去！"

西北军委会再次召开扩大会议（史称钟家沟会议）。会议一致决定全军翻越大巴山，南下川北，建立新的根据地。

莽莽大巴山，横亘于川北和陕南之间，举目望去，但见群峰耸峙，山势崔嵬，两省交通为之隔断。又值隆冬时节，北风呼啸，冰雪漫山，一片银白。

红军要南下川北，首先必须翻越这座天险。

12月17日，红73师217团作为全军的“开路先锋团”，由师长王树声率领，第一批翻越大巴山，为全军开路。旷继勋等率后续部队于两天后跟进。

这是红四方面军西出后的最后一次长途行军，也是环境最为艰苦的一次长途行军。王树声率领红217团顶风冒雪，破冰开路，伐木搭棚，走在全军前面。官兵们忍受着饥饿和零下三四十摄氏度的严寒，渴了吃一把雪，饿了啃一口干粮，白天一步一步前进、一米一米攀登，晚上就在雪地里相互拥抱、和衣而睡用对方的体温取暖，不少年老体弱者睡着睡着就成了冰人。经过3天气壮山河的艰难行程，红四方面军终于翻越了冰雪厚达一米多的大巴山主脉山梁线，抵近大巴山南麓的两河口。

两河口驻有川军田颂尧部一个营。他们根本没有想到红军会从风雪弥漫的大巴山那一侧突然出现。王树声带红217团到了镇外，川军士兵还主动走过来看稀奇。王树声拔出短枪，高喊一声：“同志们，敌人没防备，冲！”

红 217 团官兵不顾疲劳，奋勇向镇内发起攻击。川军大多数是“双枪（步枪、烟枪）兵”，除了抽大烟和祸害老百姓，哪里真打过仗，枪声一响，撒腿就跑。王树声兵不血刃，拿下了两河口，为全军在大巴山南麓取得了第一个立足点。

12 月 19 日，红四方面军全军越过大巴山。大别山的红旗，胜利进入川北。这支英勇不屈的红军队伍，就此结束了退出鄂豫皖苏区后近 3 个月、长达 3000 里的艰难远征，开始了它的川陕根据地创建工作。

短短的几天，红四方面军就占领了四川北部的通江、巴中与南江大部分地区。这里地广人稠，山川险峻，是建立根据地的好地方。曾中生、徐向前了解到旷继勋早年曾在川军中干过多年，而且非常出色，与川军各派都有交往，于是，向方面军总部提议，任命旷继勋为川陕省临时革命委员会主席。

07 魂归蓝天

开创川北根据地

当时的四川，群雄割据，四分五裂。川军诸军阀中，实力最强的是刘湘，他占据着川东及重庆一带；其次是刘文辉，占据川西及西康；邓锡侯占据川西北；川北则为田颂尧、刘存厚、杨森三家分占。田颂尧占据通江、南江、巴中、仪陇、南部、阆中、苍溪、广元等县，刘存厚占据万源、宣汉、达县，杨森占有营山、渠县、广安、蓬安，号称“川北三雄”，老百姓则称其为“川北三匪”。三者中田颂尧势力最大，有兵50余团、10余万人。

大批红军从陕入川的消息迅速传到正在成都

前线参与“二刘之战”（刘湘、刘文辉）的田颂尧耳中。田颂尧的主力迅速回师，又令其留守嘉陵江沿岸的刘汉雄第2路军（相当于师）向东进抵南江，李炜如第1路军和罗乃琼第3师回师巴中，两路并进，直扑通江。

南京方面，蒋介石闻报，也严令一直在红四方面军背后紧追不舍的胡宗南由南郑过大巴山、奔通江的碑坝，从西北威胁红军后方；令刘茂恩第65师从湖北境内掉头西南，由西乡过大巴山奔万源，从东北方朝红军后方逼近。

刚刚到达川北的红四方面军周围，又一次敌军密集、战云密布。张国焘在通江县孔庙召开紧急会议商议对策。他说：“现在，敌人四面包围，在川北建立根据地还有没有可能？方面军是不是还要转入流动作战？”

张国焘一脸沮丧，像一个泄了气的皮球。方面军的干部相互看了看，明白张国焘见敌军云集、乱了心路，说是转入流动作战，不过是退出川北的委婉借口。

旷继勋、徐向前、陈昌浩和曾中生等领导同

志强烈反对。大家的意见一致：这里群众基础好，地形有利于红军作战，部队运动作战回旋余地大，红军不能再次退出川北，提出必须痛下决心，就地击败敌人，建立川北根据地。

徐向前从军事角度讲："离开川北，我们还能到哪里去，哪里还能找到这么好的一块立足地？"

陈昌浩对刚刚结束的两个月的无根据地的流动作战心有余悸，不无讥讽地说："如果我们一遇上敌人大军进攻就逃走，我们最后能逃到哪里去？我们永远也躲不掉敌人的'围剿'。"

旷继勋接过话，真诚地说道："川军情况我很熟悉，刘湘、田颂尧、邓锡侯、杨森、刘存厚对外虽然是一个强大的封建割据，但他们内部钩心斗角，相互争夺地盘，互有矛盾。我军只要利用矛盾、乘虚打击，定能各个击破。"

几乎所有红四方面军高层领导都反对逃跑，主战状态十分激烈。张国焘无言以对，最后说道："既然大家都主张作战，那我们就在这里干下去！"

会议进行了具体分工：徐向前、陈昌浩率红四方面军总部立即前出，指挥部队破敌；张国焘、旷继勋、曾中生坐镇通江，迅速筹建川北革命根据地。旷继勋作为川陕省临时革命委员会的主席，其主要任务是为红四方面军战斗的胜利搞好后方建设，组织群众支援前线。

旷继勋由此从一个驰骋疆场的军事指挥员改做地方工作，为筹建地方政权机构日夜不停地忙碌着。他不仅是一位中共高级军事指挥员，也是一位杰出的地方政权建设者。他立即组织开展轰轰烈烈的土地革命运动，安排西北军委机关和后勤人员到第一线工作，又从红四方面军中抽出数千名工作积极、作风正派、有地方工作经验的干部战士组成工作队，分赴各地建立苏维埃政权和基层党组织以及工会、妇女会、青年团等各种群众组织，领导群众打土豪、分田地。

旷继勋提出消灭土匪、禁止鸦片，建立地方武装，积极扩展红军，仅一个月时间就组织成立了赤江、巴中、南江、红江、赤北 5 个县委，筹备召开了中共川陕省第一次党的代表大会，地方和军队代表 500 余人参会，选举由袁克服、曾中生、吴永康、郑义斋、傅钟等人组成的中国共产党川陕省委员会。旷继勋广泛发动青年参加红军，使红四方面军总人数直线上升。一场轰轰烈烈的群众拥军活动在川北地区蓬勃开展起来，人民群众抬猪送匾，当向导，送物资，支援前线作战的热情十分高涨。

短短两个月的时间，旷继勋就成为川陕根据地人尽皆知的主席，很受群众的喜欢，百姓们都认为他是一个没有官架子的红军干部。旷继勋经常与他们坐在一起讲述当年蓬溪起义时的情景，有时还教农协会员打枪，向他们宣讲关于中共与红军的先进理念，他身上那种军人的勇气、果断与政治工作者的平易近人深受人们的敬仰。

然而，旷继勋的声誉越高，张国焘越是对他不放心。张国焘总认为旷继勋是一个危险的人物，他认为旷继勋与他的老搭档曾中生、余笃三这批人，只要得到了中央的支持，随时都想把他搞掉，因此他不能让旷继勋在红军中再有作为。

张国焘认为旷继勋是被自己处分过的人，一定对自己怀恨在心。川陕省委员会的初创与成立工作需要旷继勋，可以提拔他、利用他。现在，

省委已经成立了，红军队伍扩大了，川陕根据地已获得空前大发展，中共中央对自己的信任已经重新巩固了，他认为现在是除掉“异己”的时候了。于是，他又将旷继勋撤回红四方面军总部，让他赋闲起来。

但是，旷继勋有旷继勋的原则，“你可以撤掉我的职务，你总不能不让我做个军人”。旷继勋仍然主动与徐向前在一起指挥战斗。

屈死通江洪口场

第一个受到张国焘迫害的是红四方面军政治部主任张琴秋。在“小河口事件”中，张琴秋成了曾中生、旷继勋和陈昌浩之间的“联络员”，这让张国焘格外恼火。部队进入川北不久，张国焘就以工作需要为名，将张琴秋撤职，调任新成立的红阳（通江涪阳坝地区）县委书记。

然而张琴秋并不是张国焘“排除异己”的重

点。他要除掉的是旷继勋、曾中生、余笃三等这批人。

红四方面军进驻通江后，一天，张国焘把旷继勋叫到自己在城内天主教堂里的临时住所，一边客气地给旷继勋让座，一边说道："继勋同志，红军初到川北，势单力薄，四面受敌，形势不妙啊！一旦全四川的军阀都来打我们，那可受不了啦。为了分化敌人，我写了一些'说帖'，准备派人送给杨森、刘存厚，争取和他们达成不战协议。听说你与杨森有旧谊，想请你去江口走一遭，与杨森的代表直接谈判。能不能稳住我军的南线，就看老兄你了！"

旷继勋出自川军，曾任旅长，与杨森等各路军阀自然并不陌生。但他对张国焘并不十分信任，于是说道："国焘同志，与杨森谈判是件大事，我想请军委会正式做个决议！"

张国焘听出了他的弦外之音，连忙又解释道："继勋同志，你不要想得太多嘛！军委当然是讨论过这件事，才决定让你出使江口的。此事非常机密，不能让太多人知道。对了，从杨森那边看也一样，他就是愿意同我军达成协议，也不愿意让别人知道此事啊！”张国焘说着，又拍拍旷继勋的肩膀，“好了，我们就谈到这里。你要以党籍保证，不对任何人谈这件事。”

旷继勋虽然不太信任张国焘，但与杨森谈判、稳住南线毕竟是大局。他是个性情耿直的人，根本没想到张国焘会用这件事情给自己设下了一个陷阱。

几天后，旷继勋带领一支红军小分队，来到通江与营山县交界处的江口，与杨森派来的代表进行了接触。杨森正欲自保，红军主动来谈判，他当然求之不得。但他害怕与红军单独“媾和”的事传出去，会在川军中陷于孤立，又怕引起蒋介石的不满，两下夹攻，他在川北便无立身之地。因此，江口会谈虽进行得十分顺利，杨森却没有马上响应，与红军签订互不作战的秘密协定。

旷继勋马不停蹄地回到通江复命。张国焘听了汇报后，边说边踱步，作沉思状说道：“杨森是有顾虑呀，需要我们继续做工作。继勋同志，你何不以个人名义写封信给杨森，动之以情，晓之以理，劝其相信我军诚意，与我军签订不战协定呢？我们可以答应为他保密嘛！”

旷继勋不假思索地回答说：“国焘同志认为我应当这样做，我就写这封信！”

张国焘笑着说：“继勋同志，我当然觉得你应当写这封信了！”

旷继勋回到住处，以个人名义写了一封给杨森的信，交给交通员送往江口。交通员刚刚出发，张国焘就让人将这封信“截获”，随即下令逮捕旷继勋，罪名是“勾结杨森”“准备投敌叛变”。

被关进牢房的旷继勋面对一脸杀气的张国焘，哈哈大笑，怒骂道：“张国焘，你是一个无耻小人！老子早想到你要杀老子，你杀就是了，干吗还要设下这么一个圈套？”

张国焘翻脸不认人，露出一副凶相：“旷继勋，你这个国民党改组派！我让你与杨森谈判，原来你竟借机与敌勾结！证据已在我手里，你还有什么话说？快给我一五一十地招来！”

旷继勋怒目叱责张国焘：“你这是血口喷人！你说我是改组派，我倒怀疑你才是改组派！像你这样陷害无辜，杀戮共产党人，不是国民党改组派，谁能干得出来？”

“给我打！”张国焘恼羞成怒，“旷继勋不认罪，休想过关！”

旷继勋被打得晕死过去。每次醒来，他都仰天冷笑：“欲加之罪，何患无辞！”

1933 年 6 月，反田颂尧三路围攻进入第二阶段，红军收紧阵地，放弃通江。张国焘借口部队转移期间旷继勋“容易逃脱”，下令将其处决。

旷继勋，这位昔日令川、湘、鄂各省国民党军闻之色变的红色骁将、铁骨铮铮的汉子，至死也没承认张国焘加在自己头上的罪名，即使在通江县洪口场走上刑场时，仍然放声大笑，毫无惧色。

临刑前，他让行刑者松开自己手脚上的镣铐，高呼：“中国共产党万岁！”“工农革命万岁！”然后含笑闭上了眼睛，年仅 36 岁。

08 尾声

在诬陷旷继勋的同时，张国焘又以中央代表和西北军事委员会主席的双重身份，在川北根据地内搞起了大规模的“肃反”运动。“肃反”工作仍由军委主席和红四方面军政委负责，实际上就是由张国焘和陈昌浩负责，别人一律不得过问。大“肃反”的标准也与在鄂豫皖苏区一样，凡被张国焘定为“右派”和“托陈取消派”罪名的，一律逮捕或杀害。原红 4 军政委余笃三、红四方面军宣传科科长王振华等许多人被害。

在“解决”了旷继勋、余笃三等人之后，1933 年 7 月末，张国焘又以“西北革命军事委员会主席命令”的形式，免除了曾中生的西北军委参谋长职务，“另行分配工作”。8 月初，他以“托陈取消派”的罪名，将其秘密逮捕。

张国焘在后方大“肃反”，陈昌浩也在红军中展开大“肃反”。这次大“肃反”，使一大批矢志革命的共产党人成了张国焘军阀主义路线的牺牲品。

徐向前和红四方面军广大指战员对张国焘新的“肃反”运动越来越愤慨，他们由最初的被动抵制，终于发展成主动反击。川陕苏区反三路围攻胜利结束后，红四方面军在广元南江木门镇召开战役总结会（史称“木门会议”），全军100多名干部参加。这本来是一次军事会议，却开成了愤怒批判“肃反”扩大化的会。

陈昌浩虽然坚持认为“肃反”是“必要的”，却也承认前一段“肃反”中“错抓了人”，同意停止“肃反”，并把抓走的人放回来。

木门会议，成功地中止了张国焘“肃反”扩大化，为中国革命、为这支英勇善战的红军队伍保住了一大批干部。同时，完成了红四方面军历史上最大规模的一次扩编。扩编后，全军共有31个建制团、4万余人，比入川时增加了近3倍。红四方面军由此开始转向一个主动向外进攻的新时期。

那些为中国革命作出杰出贡献，而被党内斗争错杀了的同志，最终得到了平反和历史的承认、人民的爱戴。

1938 年 9 月，毛泽东同志在延安召开的中共六届六中全会上，谈到肃反问题时说："旷继勋是好同志，被张国焘迫害，应作烈士待遇。"

2009 年，为庆祝中华人民共和国成立 60 周年，中宣部等 11 个部门联合组织开展评选"100 位为新中国成立作出突出贡献的英雄模范人物和 100 位新中国成立以来感动中国人物"活动，旷继勋入选"100 位为新中国成立作出突出贡献的英雄模范人物"之一。

旷继勋烈士故居位于贵州省思南县城。1997 年 10 月，共青团贵州省委报请中共贵州省委批准，将旷继勋烈士故居列为贵州省青少年爱国主义教育基地。

在旷继勋烈士故居巷口，有一座朱漆门楼，上面悬有匾额，匾额上是中共中央军委原副主席刘华清亲笔题写的"旷继勋烈士故居"7 个金光闪闪的大字。

通过巷口进入，里面是旷继勋纪念馆，由故居、陈列室、接待室三大主体建筑组成，占地面积 400 平方米，建筑面积 170 平方米。

故居部分十分洁净，堂屋位于 3 幢房舍中间，门口左右悬有中共铜仁地委原领导同志撰写的楹联：

大风起兮，救世匡时举义旗，红军虎将建旷代奇勋；

睡狮醒矣，富民强国求发展，乌江儿女继先烈宏愿。

跨入故居室内，正中为旷继勋烈士的汉白玉半身雕像。左右墙壁上分别悬挂着中央军委原委员、解放军原总后勤部部长廖锡龙题写的“发扬红军精神，艰苦创业，振兴思南”，贵州省原省长吴亦侠题写的“继承先烈精神，保持红军特色”，铜仁地区行署原领导同志题写的“旷世奇勋，一代英才”等几幅题词。

故居右间陈列着旷继勋烈士生前用过的木床，墙壁上挂着他的一幅半身戎装像；故居左间为来宾题词处。

陈列室内，各种图、表、照片挂满四壁，分为“青少年时期”“率军起义”“转战洪湖”“奋战鄂豫皖”“川陕悲歌”5 个部分，展示了烈士成长过程和各个时期的光辉业绩。

旷继勋烈士是中国共产党的优秀党员，坚强的无产阶级革命战士。在第二次国内革命战争时期，他一心一意听党话、坚定不移跟党走，能上能下、出生入死，把毕生的精力完全献给了中国人民的解放事业。

旷继勋烈士的一生虽然短暂，但是他用青春和热血为中国人民的解放事业谱写了一曲壮丽的凯歌，浩然正气天地共存，丰功伟绩彪炳史册。

后　记

旷继勋，是中国工农红军的高级将领，率领千军万马同国民党反动派进行了艰苦卓绝的斗争，立下了不朽的功勋。

旷继勋烈士的一生虽然短暂，但贡献巨大。中华人民共和国的成立，就是靠无数旷继勋这样的革命烈士用鲜血和生命换来的。

旷继勋烈士虽然牺牲了，但是我们永远怀念他！

旷继勋烈士有着坚定的共产主义信念，对党的事业矢志不渝、百折不挠，勇于担当起历史赋予的重任，严守政治纪律和政治规矩，甘为真理献出宝贵的生命，他的这种高尚的政治品格和做人准则，永远值得我们学习。

为写好旷继勋烈士的故事，我认真查找了

有关旷继勋烈士的书籍和资料，并先后到他的家乡和故居以及战斗过的地方进行了参观、考察、学习。

经过数易其稿、反复修改，终于形成了《旷继勋》一书。在编写本书的过程中，得到了军事科学院军队政治工作研究院相关领导和专家的精心指导、大力支持。康月田、岳思平、李博、陈力等多位专家对本书进行了认真的审读，提出了宝贵的意见，深表感谢。

主要参考书目有：《100位为新中国成立作出突出贡献的英雄模范人物——旷继勋》《长篇革命历史人物传记——旷继勋传》《红四方面军征战纪实》《中国工农红军第四方面军战史》《中国工农红军第25军战史》《金寨县革命史》《皖西革命史》等。

在此，谨向关心、支持和帮助本书编写工作的各位领导、各位专家，以及上述文献的作者、编辑致以衷心的感谢！

图书在版编目（CIP）数据

旷继勋 / 军事科学院解放军党史军史研究中心编.
北京 : 学习出版社, 2025. 6. --（中华先烈人物故事汇）
. -- ISBN 978-7-5147-1370-1

Ⅰ. K825.2

中国国家版本馆 CIP 数据核字第 20252WJ383 号

旷继勋

KUANG JIXUN

军事科学院解放军党史军史研究中心

责任编辑：李　琳　　封面绘画：刘书移
技术编辑：胡　啸　　内文插图：韩新维
美术编辑：杨　洪　　装帧设计：楠竹文化

出版发行：学习出版社
北京市东城区崇外大街11号新成文化大厦B座11层（100062）
010-66063020　010-66061634　010-66061646
网　　址：http://www.xuexiph.cn
经　　销：新华书店
印　　刷：北京联兴盛业印刷股份有限公司

开　　本：787毫米×1092毫米　1/32
印　　张：5.75
字　　数：75千字
版次印次：2025年6月第1版　2025年6月第1次印刷

书　　号：ISBN 978-7-5147-1370-1
定　　价：25.00元